Hipnosis Brutal Para Principiantes

Principiantes

Técnicas De Hipnosis Explicadas Paso A Paso Para Novatos.
Aprende A Hipnotizar Y Beneficiarse De La Autohipnosis,
¡Incluso Si Cree Que No Es Hipnotizable!

ALLAN TREVOR

¿Quieres conectar con Allan y acceder a una comunidad exclusiva de lectores de Autoayuda y Desarrollo Personal? Podrás tener contacto directo y compartir opiniones con Allan y el resto de lectores. También tendrás la oportunidad de recibir descuentos y libros gratis casi todas las semanas, además del apoyo de toda la comunidad. Estarás al día de los últimos lanzamientos y futuros libros de Allan.

Haga clic en el siguiente enlace y solicite su acceso:

http://bit.ly/ComunidadAllanTrevor

O utilice el siguiente código QR:

Como muestra de agradecimiento a la confianza que has depositado en esta lectura, me gustaría ofrecerte parte de uno de mis libros más populares en Hipnosis Conversacional, totalmente GRATIS

<<Haz clic aquí para descargar GRATIS el libro "Hipnosis Conversacional">>

Este libro está diseñado específicamente para desvelarte todos los secretos de la comunicación persuasiva. Podrás convertirte en un orador con gran influencia hipnótica. De hecho, te sorprenderás al notar que cuanto más leas los patrones secretos de este libro, más será tu habilidad para persuadir a los demás de forma inadvertida.

<<Haz clic aquí para descargar GRATIS el libro "Hipnosis Conversacional">>

O también puedes descargarlo del siguiente código QR:

Hipnosis Brutal Para Principiantes

Técnicas De Hipnosis Explicadas Paso A Paso Para Novatos. Aprende A Hipnotizar Y Beneficiarse De La Autohipnosis, ¡Incluso Si Cree Que No Es Hipnotizable!

PRÓLOGO

Este libro intentará proporcionarle todos los conocimientos posibles sobre el tema que nos ocupa. Sin embargo, no importa cuánta información puedas encontrar en el libro si no la procesas adecuadamente y no la integras en tu mente de forma permanente. Por eso he decidido repetir ciertos conceptos a lo largo de las páginas del libro, los más importantes, para asegurarme de que la información accede directa y profundamente a tu subconsciente, esa parte de nuestro cerebro donde se encuentra la memoria a largo plazo. Mi intención es que termines esta lectura con las ideas bien ancladas en tu mente, por eso utilizaré al máximo el poder de la repetición. Soy un gran conocedor de los fenómenos hipnóticos y de la psique humana, y puedo asegurarte que, como escritor e hipnotizador, comprendo perfectamente el impacto de las palabras en el cerebro humano cuando se utilizan con cierta repetición.

Mi trabajo como escritor e investigador ha dado otro enfoque a las ideas existentes, tratando de facilitar la expresión de la información, haciéndola más amena para el gran público, ordenándola bajo mi propio criterio y aportando nuevas expresiones para una lectura más fluida y comprensible, así como dando pleno crédito a las fuentes originales.

También advierto que este libro es una obra traducida de la versión original del libro. Comprendo perfectamente la importancia de una traducción fluida y fácil de leer. Sin embargo, para no retrasar el acceso al contenido mientras editamos la versión definitiva, he decidido ofrecer al mercado esta primera revisión traducida. Es posible que encuentre algunos fallos gramaticales en la traducción que se corregirán en las próximas ediciones, aunque las ideas principales y más importantes no se han alterado. Al fin y al cabo, son las ideas que hay detrás de las palabras las que marcan la diferencia, no el texto en sí. Por eso usted puede beneficiarse del contenido ahora mismo en su estado actual, tanto como lo haría con su versión original. Para contemplar este hecho, he reducido significativamente el precio de venta al público de la versión física del libro, así como de la versión de audio en otras plataformas de distribución. Por favor, tenga en cuenta estas advertencias antes de empezar a leer y tome sus propias decisiones. He decidido incluir esta advertencia en las primeras páginas del libro para que puedas descargar la versión Kindle de muestra gratuita y leer esta sección. Como te digo, esta publicación es preliminar y seguiremos trabajando en la traducción definitiva.

Le deseo de todo corazón una feliz lectura

Saludos cordiales

-Allan

Capítulo 1 - Explicación detallada de la ciencia y la práctica de la hipnosis

En el trance hipnótico, la mente del sujeto se encuentra en una condición receptiva, lo que facilita la implantación de nuevas ideas.

Se podría decir que tiene la capacidad de acceder al inconsciente sin dejar de ser plenamente consciente.

A continuación, desmenuzaré la ciencia que hay detrás de la hipnosis y compartiré algunas técnicas de eficacia probada para quedarse dormido rápida y plácidamente.

¿Cómo funciona exactamente la hipnosis?

Como se estableció anteriormente, la hipnosis se caracteriza por una mayor receptividad a la sugestión.

Conserva su propio sentido de la autoconciencia incluso cuando recurre al inconsciente.

La capacidad de aceptar nueva información y de pensar visualmente mejora cuando se altera el estado normal de conciencia.

No es raro que las personas sientan de vez en cuando una conciencia aumentada o distorsionada.

La hipnosis me resulta fácil cuando mi mente está tranquila y concentrada.

Mientras se ve la televisión, la hipnosis es el estado más común.

La existencia de la televisión se ha asociado durante mucho tiempo a la seguridad en uno mismo y al ocio.

Es el tipo de lugar donde cualquiera puede alcanzar ese estado de trance.

Además, algunos individuos están más abiertos a la hipnosis que otros.

No es fácil deshacerse de gente rígida en sus creencias y valores.

Alguien que teme ser hipnotizado porque cree que será incapaz de controlar sus actos.

Muchas personas hipnotizables entran en la experiencia con la idea de que necesitan arreglar algo, y que la hipnosis es la forma de hacerlo.

Sólo puedes sentir compasión si estás en un lugar de confianza (un estado en el que abres tu corazón a la otra persona y tienes buena voluntad).

Es menos difícil entrar en estado hipnótico.

En su forma más básica, Lapole se crea entre dos personas cuando están en contacto, cuando confían la una en la otra y cuando encuentran agradable pasar tiempo juntas.

La mente tiende a entrar en un estado de trance conocido como estado Lapole.

Altera el estado de conciencia para reescribir el subconsciente con sugerencias y analogías (parábolas).

Uno de los usos más comunes de la hipnosis es alterar la visión del mundo (subconsciente) de una persona.

Al igual que todo el mundo se ha encontrado con representaciones estereotipadas, todo el mundo se ha encontrado con creencias.

Aunque se trata de un proceso inherente al ser humano, se ha aprovechado tecnológicamente en la práctica de la hipnosis.

Consejos para inducir la hipnosis

Si quieres que te hipnoticen, tienes que seguir esta secuencia.

A. La creciente popularidad de la hipnosis

Dos, crear una conexión de confianza (prometer seguridad y protección).

Inducir hipnosis, luego hacer sugestiones.

Regresión hipnótica 4

Es fundamental que siga este procedimiento adecuado.

Participar en la hipnosis con una mente abierta y la voluntad de confiar en ella es un paso crucial.

Consejos y técnicas que pueden utilizarse en los negocios y en el amor

Imagino que lo primero en lo que piensa la gente al oír la palabra es en los programas y actos de hipnosis de la televisión.

Para algunos, esto puede evocar imágenes de habilidades ocultas o psíquicas.

Algunos se preguntarán: "¿No es Yarase?" o "¿No se requiere tener un poder especial?". Sin embargo, la hipnosis puede considerarse un tipo de tecnología psicológica.

Tratada como hipnosis, autohipnosis y disciplina universitaria, la hipnosis se emplea a lo largo de toda nuestra vida.

La capacidad de hipnotizar a propósito puede ser aprendida por cualquiera que conozca los mecanismos subyacentes y ciertas indicaciones prácticas.

Examine las siguientes afirmaciones y decida si se aplican a su caso:

La mente humana me fascina, y me gustaría mejorar mis habilidades comunicativas y de dirección de conversaciones para poder hacerlo:

Si te sientes así, aprender sobre hipnosis puede serte de enorme utilidad.

Si el sujeto no acepta ser hipnotizado, no se le puede hipnotizar. Está claro que mucha gente puede tener una comprensión errónea de la hipnosis.

Así pues, permíteme ponerte al corriente de los fundamentos de la hipnosis para que puedas empezar a utilizarla eficazmente desde el primer momento. Muchos de estos principios ya se han introducido anteriormente; pero, como dije al principio del libro, es esencial repasar los conceptos a menudo para asegurarte de que tu subconsciente los entiende y los utiliza plenamente:

La hipnosis, como sabe, consiste en manipular la mente y el cuerpo de otra persona mediante "técnicas que le hacen pensar".

Para extendernos un poco, bajo hipnosis, el conocimiento se almacena en la mente inconsciente siempre que el sujeto se concentra en un tema determinado.

Las sensaciones de inconsciencia son más frecuentes que las de consciencia.

"Estudio icónico del limón".

Piensa en un limón que tienes en la mano derecha. Piensa en el limón en tu cabeza lo más claramente posible. Tiene una fragancia aérea y azulada y una textura ligeramente arenosa.

El limón tiene una muesca, así que córtalo por la mitad. El zumo debería salir por el centro y tener un aroma agradable y energizante. Disfruta de un refrescante mordisco de limón.

Puedes saborear el limón y sentir su acidez en toda la lengua. Has notado una liberación progresiva de saliva?

Cuando concentres más tu atención, notarás que sale más saliva por la boca.

En realidad, también es hipnosis.

La imaginación de la gente (espacio de imagen) es increíblemente fuerte.

Del mismo modo que la mera evocación mental de un limón provoca un aumento de la producción de saliva, la mera evocación mental de cualquier objeto puede crear cambios fisiológicos en un ser humano. Esa es la esencia de la hipnosis.

2. El impacto de la hipnosis

Por cierto, si emplea esta "hipnosis" correctamente, puede esperar diversos efectos. La hipnosis se practicaba originalmente como medio para calmar los pensamientos ansiosos.

Por lo tanto, tiene el potencial de inducir un estado de calma.

La hipnosis es un estado en el que la conciencia se establece en el valor intermedio entre el sueño y la vigilia.

Crear un estado así requiere mucho trabajo y práctica, pero no es difícil llegar al punto en que parezca un sueño.

En este estado, es difícil que la energía entre en el cuerpo, por lo que es necesario: - una reducción del estrés - un cambio hacia una visión del mundo más optimista.

- Superar las deficiencias, etc.

El resultado es previsible. La premisa tanto del yoga como de la meditación es similar.

La hipnosis es un medio para relajarse tanto física como mentalmente, ampliar sus pensamientos y liberarse del estrés. Empezarás a sentirte mejor casi de inmediato y avanzarás significativamente hacia tus objetivos.

Casos uno a tres en los que la hipnosis es útil

Todos podemos beneficiarnos de la hipnosis si aprendemos a utilizarla correctamente.

En este contexto, "mejora del estilo de vida" puede significar cualquier cosa, desde "rememorar viejos recuerdos" hasta "controlar el dolor", pasando por "superar cosas que no se le dan bien", "experiencia deportiva virtual", "una dieta exitosa", etc.

La hipnosis se utiliza habitualmente para tratar a personas con enfermedades psicosomáticas, depresión y otras dificultades mentales en Estados Unidos, un país desarrollado en el uso de la hipnosis.

Por supuesto, la realiza un terapeuta formado que domina los métodos de hipnosis médica, las habilidades de asesoramiento, los conocimientos médicos, etc.

Aplicaciones prácticas de la hipnosis.

Considerada como una rama de la psicología, la hipnosis tiene aplicaciones sorprendentes fuera del ámbito clínico.

El conocido "efecto puente colgante" entre dos personas es una forma de autohipnosis.

Otras técnicas son el "mirroring", que crea una sensación de familiaridad imitando las acciones y rutinas de la otra persona, y el "double bind", que hace más conveniente aceptar el SÍ de la otra parte dándole dos opciones. Por lo tanto, en nuestra vida cotidiana, la hipnosis se emplea en todas partes.

El público de sus conferencias, presentaciones y romances apreciará su interés por los métodos psicológicos, en concreto por las tácticas espejo que le acercan a la otra persona. ¿Cómo podemos mejorar drásticamente nuestras habilidades de comunicación mediante la aplicación de la metáfora, el ritmo del conjunto de prácticas? Además, haga un esfuerzo por compartir su educación.

Hipnosis: Cómo utilizarla, Parte 2: Cómo prepararse

Ahora que conoce los fundamentos de la hipnosis, puede poner en práctica sus conocimientos.

Pero la mayoría de las veces, la hipnosis no funciona si la pruebas con alguien de repente.

La preparación es la clave del éxito de una sesión de hipnosis, como en cualquier otra actividad. Averigüemos qué pasos hay que dar de antemano para obtener el resultado deseado.

Se dividen en dos grupos, los que se hipnotizan fácilmente y los que no.

La respuesta individual a la hipnosis varía enormemente. Los que son receptivos a la hipnosis por naturaleza serán hipnotizados fácilmente por cualquiera, mientras que los que se resisten a la hipnosis seguirán resistiéndose independientemente de la habilidad del hipnotizador.

Entonces, ¿qué distingue a los más propensos a sucumbir a la hipnosis de los que no lo son?

Personas propensas a la hipnosis.

Personas que dependen demasiado de los demás

Mientras esté bajo los efectos de la hipnosis, el paciente someterá el control de su cuerpo y su mente al hipnotizador.

Por este motivo, la hipótesis es que los dependientes sociales y los individuos con un alto grado de dependencia social son más propensos a participar. Al comparar sexos, parece que las mujeres se hipnotizan más fácilmente que los hombres. Como apunte, lo anterior es también la supuesta razón por la que la hipnosis es difícil de utilizar entre personas del mismo sexo.

[2] Los que son genios creativos

La cuestión, ya sea mediante la hipnosis que altera el sentido del gusto o mediante la hipnosis que produce alucinaciones, es lo real y distinta que es la imagen mental resultante.

La aplicación hipnótica profunda es posible mediante la utilización óptima de las potentes imágenes del lado hipnótico.

[3] Los que tienen convicciones firmes

Los que tienen una reacción de "amor a primera vista" o "esto es todo" también son vulnerables a la hipnosis.

Porque es fácil ceder a las sugestiones del hipnotizador.

Las personas que obtienen más placer de las tareas rutinarias son [4].

Las personas susceptibles de ser hipnotizadas son aquellas que tienen la capacidad de centrar su atención en una sola tarea.

No es una concentración que inicie el análisis con diversas informaciones fluyendo en mis pensamientos, como lo que tengo delante, las circunstancias que me rodean y adivinando lo que ocurrirá en el futuro.

La hipnosis exige una concentración que no permite caer en la confusión por fijar la mirada en una sola cosa o repetir una acción.

[5] Los que son capaces de expresar sus sentimientos con claridad

Cuando tus sentimientos están a flor de piel, eres vulnerable a las ideas y acciones de los que te rodean.

"Divertido y risueño", "Me gusta lo que no te gusta" y "Triste e irresistible" son sólo algunas de las muchas emociones dominantes hipnóticas.

Los que tienen sentimientos fuertes son más susceptibles a esta hipnosis.

Invulnerable a la hipnosis individuos

Alguien que desconfía de la hipnosis

Las personas que tienen un escepticismo preexistente hacia la hipnosis son notoriamente difíciles de hipnotizar.

Personas muy ansiosas

La hipnosis es eficaz porque ocurre de forma subconsciente, pero la preocupación se interpone en el camino y provoca un rechazo subconsciente del estado hipnótico.

[3] El Ill

Para beneficiarse de la hipnosis, es necesario estar al menos un poco tranquilo.

No ser capaz de entender las instrucciones del hipnotizador es un efecto secundario habitual de no descansar lo suficiente o no sentirse bien. Es posible que tengas los músculos demasiado tensos para relajarte de verdad.

Por lo tanto, la salud física tiene un impacto significativo en el estado hipnótico.

Personas demasiado optimistas (4º)

Existe una discrepancia entre el impacto hipnótico real y el efecto hipnótico imaginado, lo que da la impresión de que no se está hipnotizado aunque se tenga éxito.

Cómo prepararse para la hipnosis (Sección 2-2)

La positividad es un ingrediente vital en la receta hipnótica del éxito.

Dado que la hipnosis emplea la técnica de influir subconscientemente en el objetivo, también es vulnerable al abuso. Sin embargo, esto está estrictamente prohibido.

Sentir que "piensas en la otra persona de forma agradable" es una sensación que nunca debes olvidar.

Tenía intención de comprar una aspiradora, así que fui a una tienda de electrónica, pero el vendedor estaba más interesado en promocionar el frigorífico. Dudo que le comprara una aspiradora a un vendedor así. Más bien, incluso podría sentirse enfadado.

Si "pensar en la otra persona de forma amistosa" es un principio central de tu práctica, no malgastarás energía mental preocupándote por "qué hacer si la hipnosis falla". Guía otro patrón si éste no funciona.

En tercer lugar, La hipnosis en la práctica: Cómo utilizarla

Empecemos a estudiar la hipnosis de inmediato.

Como ya se ha dicho, la hipnosis puede considerarse una "técnica" psicológica. Por lo tanto, es esencial que lleve a cabo los procedimientos necesarios en el orden especificado.

Si cuento hasta tres, no se me caerán los dedos", les verás demostrar en la tele.

La frase "hipnosis" puede hacer parecer que el proceso es automático, pero en realidad, la hipnosis se induce normalmente a través de una serie de pasos dados por el sujeto antes del inicio de cualquier transmisión.

En otras palabras, es imposible pasar rápidamente de la condición 0 al estado hipnótico. La interpretación precisa de la hipnosis debe aprenderse.

Propuesta 3-1: Solicitar el consentimiento de la persona hipnotizada.

Conseguir que la otra persona acepte ser hipnotizada es un primer paso crucial.

Preparar el escenario para la hipnosis (Paso 3-2)

Lo mejor es una habitación no demasiado luminosa, con una buena temperatura, un espacio tranquilo y cerrado para dos personas solas.

La hipnosis no se aplica en lugares inquietos. Busca un lugar tranquilo y apartado donde puedas desconectar.

Además, las personas que pueden ser hipnotizadas serán dominadas por el hipnotizador, por lo que establecer un entorno en el que el sujeto pueda sentirse en paz hará que sea más sencillo ser hipnotizado.

Asegúrate de que hay un sofá o una silla cómodos y de que no hay ruido exterior apagando todas las luces que puedas.

Hable claramente antes de inducir la hipnosis, como aconseja el paso 3-3.

La técnica hipnótica se utiliza como medio para alcanzar un fin, pero la responsabilidad recae en el individuo para identificar y abordar el problema o problemas que motivan el cambio deseado.

Así que hablemos seriamente de ello. Esto te ayudará a desarrollar más confianza con el sujeto y a comprender mejor el problema al que se enfrenta.

Baje el tono de voz y mantenga un tono bajo al hablar. No obstante, también hay que ser consciente de los detalles de la historia que se cuenta.

Esta charla, que tiene lugar antes de la hipnosis, es crucial. Su respuesta determinará en gran medida su admisión en la hipnosis siguiente.

3. 3. Sincronízate con la otra persona, y luego 4. Sincronízate aún más con la otra persona. Sincronízate aún más con la otra persona.

Nuestro siguiente paso será entrar en un estado de hipnosis profunda. No interrumpa el flujo declarando: "Ahora voy a hipnotizar".

El objetivo de la prehipnosis es facilitar la transición a la hipnosis completa. Piensa que la hipnosis comienza en el momento en que entras en la sala de hipnosis. Si estás sincronizado, será fácil emitir la señal de "Por favor, hipnotiza".

En otros términos, induce la hipnosis y la sincronización en la otra persona. Y, al sincronizarse con la otra parte, la otra parte también se sincronizará inconscientemente.

No niegue la historia del paciente, pero mientras la afirma, lleve suavemente a la persona a una hipnosis profunda.

3-5. Adaptarse a la respuesta del sujeto

Si la persona muestra alguna reacción física o mental, no debe descuidarse.

Si dice algo como "tengo sueño" o "estoy pesado", podemos reforzar la sensación diciendo algo como "y ahora estás aún más dormido".

El cuerpo gana peso y peso y peso

Cambiar nuestro enfoque en función de cómo responda el tema.

El objetivo es mantener un ritmo y un tono constantes, sin hacer hincapié en ninguna palabra en particular. Si la respuesta del sujeto se vuelve aún más profunda como resultado de esto, entonces la hipnosis está muy cerca de tener éxito.

3-6. Despertar de la hipnosis

Después de hipnotizar y trabajar para abordar el problema, hay que despertar al sujeto (despertar de la hipnosis).

Siga contando hasta alcanzar un número que le permita despertarse tranquilamente y sin ansiedad.

La otra parte puede discutir la eficacia de la hipnosis o suponer que el hipnotizador mentía si la hipnosis termina sin despertar al paciente.

La susceptibilidad de la otra persona a la hipnosis disminuirá a partir de entonces.

Los cuatro usos de la hipnosis

La aplicación de la hipnosis puede aportar diferentes beneficios en la vida cotidiana. Aquí, me gustaría proporcionar una visión general de los usos potenciales de la hipnosis.

Uso en empresas 4-1

¿Está familiarizado con el concepto de ritmo? No es exagerado afirmar que el ritmo sirve como una forma de hipnosis además de ser una herramienta de comunicación.

Aplicar esta estrategia en el sector de las ventas parece ser una forma segura de tener éxito. El ritmo de ventas que podría aplicarse es el siguiente, así que vamos a examinarlo.

Saludarse y ponerse en marcha

Todavía hay cierta distancia entre el cliente y la venta cuando se habla con él por primera vez.

Esto significa que actualmente no existe un nivel de confianza establecido entre las dos partes. Es un día maravilloso, así que te saludaré con algo como: "Hola".

Al dar al comprador y al vendedor algo en común, se facilita la comunicación y se rompen barreras. En cuanto desaparezca ese muro, volvamos a los negocios.

Estar al día de las sugerencias de sus clientes

Supongamos, por ejemplo, que usted es propietario de un negocio residencial.

Sólo unos pocos clientes están dispuestos a intentarlo. Pueden rechazarla, decir que es costosa o condenar a la propia propiedad.

En ese instante, "Ni el artículo ni la necesidad de comprar una casa son baratos. Ser perezoso es perfectamente aceptable, "Dijo el paso.

Imagínese que sienta las bases de una relación de confianza con su clientela.

4-2. Aplicar a la redacción

Se recomienda que, cuando se utilice la hipnosis para hacer una sugestión a otra persona, se repita la idea para inducir aún más el trance en el objetivo. ¡Vamos a probarlo en la construcción de frases!

Reiterar casualmente el argumento de venta de un producto es una buena estrategia si localiza uno.

Ideal para textos publicitarios

El doble vínculo funciona sobre la base de proporcionar a la persona que llama la información que busca como si ya estuviera establecida, y luego cambiar de marcha para hacer una pregunta diferente.

Por ejemplo, supongamos que tiene un texto para vender cerveza que dice: "Es una bebida fantástica, tanto fría como a temperatura ambiente".

Esta estrategia presupone que los clientes simplemente "beberán (comprarán) cerveza" en lugar de sopesar sus opciones y decidir si realizan o no una compra.

Cinco métodos de autohipnosis

Hipnotizarse a uno mismo (o autohipnosis). Dependiendo de la técnica, la hipnosis puede tener efectos profundos.

El poder de la sugestión es grande; si imaginas que algo está tan caliente como para quemarte, aunque no lo esté, sentirás el dolor.

Los beneficios de la autohipnosis son numerosos, pero sólo si sabes utilizarla correctamente y dedicas tiempo a practicarla.

A continuación, describiré brevemente cómo practicar la autohipnosis.

Preparación para la autohipnosis 5-1

Primero, busca un lugar apartado.

Es importante practicar la autohipnosis en un lugar privado y tranquilo.

Además, es vital eliminar todas las ansiedades. Tenga en cuenta sus propias prioridades personales, como lo pegajoso que es, el tiempo de que dispone para prepararse y lo que ha planeado para el día siguiente.

Para dar el segundo paso, diseña un entorno tranquilo.

A continuación, lleve ropa ligera y familiar para generar un estado de calma. Deben evitarse los tejidos que te hagan sentir voluminoso o pesado.

Después, relájate en un lugar cómodo. Los que pueden relajarse en una cama o una manta también encontrarán en un sofá o una silla un lugar acogedor para descansar el cuerpo y la mente.

Tercero, haz que esté muy oscuro.

Además, intenta que haya tanta oscuridad como puedas. Es preferible ponerlo en un ajuste tranquilizador que apagarlo del todo.

Antes de lanzarte de cabeza a la autohipnosis, puede resultarte útil visualizar el resultado que persigues. Mientras cierras los ojos, piensa de forma tan concreta como puedas.

En aquella época, la autohipnosis sólo implicaba una única sugestión. No podrás esperar pacientemente el efecto si hay demasiadas.

Puedes utilizar un péndulo o un metrónomo para establecer un ritmo constante cuando estés preparado para llegar tan lejos.

Utilizar la hipnosis con uno mismo (Etapa 5-2)

Una vez que dispongas de las herramientas rítmicas, podrás asentarte y centrar tu atención.

Mantén la mirada fija hasta que no puedas distinguir nada más que los instrumentos rítmicos de la sala. Cierra los ojos poco a poco cuando puedas concentrarte en los instrumentos rítmicos.

A continuación, me preocupé con pensamientos desenfocados sobre mi yo futuro, mis aspiraciones y mi nivel actual de logros.

No se trata de pensar de forma forzada, sino puramente visual. Considera la imagen como algo que existe en su estado natural.

53 - Prepararse para dormir

Si todo va bien y la imagen es bastante agradable, puede que te entre sueño.

Entonces, cedamos a nuestro agotamiento y vayamos a dormir. Di algo como: "Cuando te despiertes, te sentirás cómodo durmiendo e hipnotizado", justo antes de quedarte dormido.

Si es capaz de dormirse y despertarse sin dificultad, la autohipnosis ha tenido éxito.

Practicando esto repetidamente, deberías inducir la hipnosis en ti mismo. Es fundamental no posponerlo porque creas que el listón está demasiado alto.

Puedes aprovechar el tiempo antes de acostarte, y la falta de preparación te ayudará a relajarte y concentrarte más profundamente.

Séptima Sinopsis Aunque el término "hipnosis" puede evocar imágenes de una práctica misteriosa, en realidad es bastante común y tiene muchas aplicaciones fuera del ámbito de la psicoterapia.

Las dos cosas más importantes son estar bien preparado y tener una relación fiable con el sujeto.

La hipnosis es algo que deberías probar, ya que puede ayudarte a ti y a las personas que te rodean.

Cómo aplicar la hipnosis por primera vez

Como ya hemos comentado, la hipnosis es un fenómeno muy común que todos experimentamos muchas veces en nuestra vida cotidiana.

La hipnosis es una condición cercana al sueño.

Todo en la vida moderna es hipnótico, desde los despertares matutinos hasta los atracones de televisión después de unas copas.

Hipnotizar a la gente es fácil.

Mucha gente puede tener una imagen sospechosa cuando se trata de la hipnosis. Pero la hipnosis es un enfoque que utiliza la psicología para lograr sus objetivos.

Se investiga como campo de estudio en las universidades japonesas y se practica como tratamiento en Europa y Estados Unidos. Se promete una existencia más satisfactoria a quienes se dediquen a aprender y practicar una hipnosis eficaz.

Cualquiera puede utilizar la hipnosis siempre que la domine.

He aquí, pues, las 9 medidas que recomiendo tomar antes de intentar la hipnosis por primera vez.

Dominar la hipnosis es útil en muchos contextos; puedes poner en práctica tus nuevas habilidades en tu vida profesional, en tus relaciones sentimentales y mucho más.

Obtén el permiso de la otra persona antes de hipnotizarla.

Este es un supuesto importante para aprender a hipnotizar.

No intente hipnotizar a la persona a la que rechaza, sino que trabaje con la comprensión y la cooperación de la persona.

Previsión en forma de sugestión antes de la hipnosis

La sugestión es la base de la hipnosis.

Haz una declaración que te informe sobre qué hacer con la hipnosis.

Asegúrese de preparar una recomendación de antemano y memorizarla con firmeza.

Para obtener resultados hipnóticos óptimos, prepárese con antelación.

La receptividad de un individuo a la hipnosis puede determinarse con ayuda de una prueba de sugestión.

Inducir la hipnosis \sIntroducir la hipnosis como introducción a la hipnosis.

Para lograr un trance hipnótico más profundo, se recomienda la técnica de profundización.

Puedes inducir la hipnosis en tus manos de forma más fiable diciéndote a ti mismo cosas como: "Tu brazo derecho se relajará y se relajará", o alguna otra frase similar.

proporciona un desencadenante para la hipnosis

Puedes probar a contar hasta tres y hacer un ruido, como chasquear los dedos o aplaudir, si alguna vez has visto un programa de hipnosis.

La coherencia de los estímulos aumenta su eficacia.

Un estado hipnótico

Ese es el estado que describe la idea.

En esta fase es crucial que la otra parte tenga un conocimiento completo de la situación.

Si cedes a las sugerencias del hipnotizador, te abres a más manipulaciones.

Esfuércese por hacer sugerencias de movimiento y sentimiento que predominen.

La hipnosis, a menudo observada en las presentaciones de hipnosis, en las que el cuerpo no se mueve o el cuerpo se desploma al ponerse de pie, se denomina control del ejercicio y el cambio en el gusto se denomina control sensorial.

Es la base de la práctica de la hipnosis y cómo se utiliza.

Haga una oferta que le gustaría aceptar, si es posible.

Una vez logrado tu dominio motor y sensorial y cuando seas más vulnerable a la hipnosis, date algunas ideas.

Naturalmente, primero puede incluir ejercicios o dominio sensorial hasta que se acostumbre a la hipnosis.

Instruir para cancelar la sugerencia

Si está dispuesto a reconocer que ha sido hipnotizado, la sesión de hipnosis puede darse por terminada.

Simplemente

Después de tres golpes con el dedo, todas tus recomendaciones quedarán anuladas y volverás a ser invitado.

Recuerda que sólo hace falta un poco para sugerirlo.

Con el tiempo, la hipnosis puede desaparecer, incluso sin instrucciones explícitas para romper el trance.

Resolver la técnica sin soltar al sujeto hará que parezca que el hipnoterapeuta estaba equivocado y hará que el sujeto pierda la fe en la hipnosis. En ese caso, será difícil utilizar la estrategia la próxima vez.

"Incluso después de terminar la hipnosis, si le ofrezco la misma sugestión, volverá a hipnotizarse", te dirías a ti mismo antes de volver a intentar hipnotizar a la misma persona.

Bien dicho.

Además, la secretaria puede hacerse una idea equivocada y pensar que sigue bajo hipnosis si no cancelas la sugestión.

Asegúrese de eliminar la sugestión al final de la hipnosis.

Resumen

Mucha gente puede pensar que la hipnosis es muy difícil y requiere una experiencia única.

Sin embargo, como he demostrado en esta charla, la hipnosis puede ser utilizada por cualquier persona.

La práctica es la única forma de desarrollar las habilidades hipnóticas. Nadie puede hacerlo bien desde el principio.

Una vez que domines el arte del hipnotismo, puede abrirte todo un nuevo mundo de posibilidades.

Capítulo 2 - Inducción de Dave Elman

Una inducción alterada por Dave Elman

El hipnotizador estadounidense Dave Elman fue el pionero de esta técnica para generar un estado hipnótico. Gracias a su rápida inducción y profundización de la hipnosis y a su fiabilidad a la hora de medir la capacidad de respuesta, se ha hecho cada vez más popular entre los hipnoterapeutas contemporáneos. El proceso suele constar de las siguientes fases, separadas por sugerencias para una relajación más profunda en cada una de ellas:

1. Relájate cerrando los ojos y respirando profundamente.

El persuasor del peso excesivo del brazo (baja el brazo para probar y sugerir la relajación muscular).

Un método convincente para la epilepsia catastrófica ocular (sugerencia de que el sujeto no puede abrir los ojos).

En tercer lugar, el cierre recurrente de los ojos puede inducir aún más la hipnosis (reinducción repetida) 4. "Perder los números", profundización para la relajación mental y prueba de amnesia.

En un ascensor, un profundizador es un dispositivo utilizado para hacer la cabina más profunda (opcional).

Una secuencia de pruebas y profundizaciones (convincentes) que Elman parece haber utilizado generalmente después de una inducción de fijación ocular o simplemente después de pedir al paciente que cierre los ojos se conoce comúnmente como la "inducción de Elman", a pesar de que esto no es lo que Elman realmente hizo.

El proceso completo de inducción no suele durar más de tres a cinco minutos. Es probable que el aumento significativo de la sugestionabilidad del cliente durante estos 3 minutos se deba a los rápidos cambios y experiencias que experimenta el cliente durante ese tiempo. Es instructivo contrastar esta estrategia con la bastante común "inducción de relajación progresiva" de 10 a 15 minutos que suelen utilizar muchos hipnoterapeutas.

Hay una gran mezcla de sugestión física (dejar caer el brazo para implicar relajación de tensiones y dejarse llevar, abrir y cerrar los ojos repetidamente) y el uso exquisito de pruebas de desafío (también conocidas como "convincers"): no poder abrir los párpados. El "no poder decir los números" se utiliza con una fluidez vivaz que induce rápidamente a la hipnosis (y se ajusta a sus nociones preconcebidas de cómo es la hipnosis: una experiencia surrealista durante la cual es incapaz de abrir los ojos o pronunciar su propio nombre).

Realice nuestro curso de Certificado en hipnosis basada en pruebas o nuestro Diploma en hipnoterapia cognitivo-conductual para aprender sobre inducción de Elman, inducción de cierre de párpados, inducción de levitación de brazos, escritura de guiones, profundizadores, control del dolor, autohipnosis y mucho más.

Transcripción personal de Elman

He aquí, en sus propias palabras, el conocido procedimiento de inducción de Elman, extraído directamente de su libro de 1964, Hipnoterapia.

Inicio inmediato

"¿Le importaría tomarse unos momentos para relajarse y cerrar los ojos?". Ahora relaje los músculos alrededor de sus ojos hasta el punto en que esos músculos oculares no funcionen y cuando esté seguro de que no funcionarán, pruébelos y asegúrese de que no funcionen..... [El sujeto se frota el sueño de los ojos.] De hecho, al asegurar su funcionalidad, estás asegurando su éxito. Baja la guardia hasta el punto en que sepas que no funcionarán y, después, cuando estés seguro, pruébalas. Pruébelas a fondo. Dedique tiempo a relajar sus músculos oculares: .... [El cliente muestra ahora catalepsia en los párpados] Ahora, permita que esa sensación de relajación llegue hasta los dedos de los pies.... En un momento, haremos esto de nuevo, y la segunda vez, podrá descansar aún más profundamente de lo que lo ha hecho hasta ahora.

Abre los ojos. Cierra los ojos. Deja que todas tus preocupaciones se desvanezcan y relaja tu cuerpo y tu mente. La tercera vez que hagas esto podrás duplicar la relajación. Para relajarte, abre los ojos. Si has seguido las instrucciones hasta ahora, tu mano caerá flácida sobre tu regazo cuando la suelte. Por favor, espera a que la levante, no. Eso está muy bien si la subes y la haces pesada, pero ahora vamos a abrir y cerrar los ojos una vez más, duplicando los efectos calmantes y enviándolos a nuestros pies. Que el peso de esa mano sea tan aplastante como el plomo.... Cuando por fin encuentres el verdadero descanso, lo sabrás. Ahora lo tienes. Tal vez lo hayas sentido. (Causa de la muerte: sí, paciente) " Profundizar aún más " Ese es un estado de completa relajación física, pero también quiero mostrarte cómo relajarte mentalmente, así que cuando te diga, empieza a contar hacia atrás desde cien. Duplica tu estado de relajación cada vez que diga un número, y para cuando llegue a 98, estarás tan a gusto que ni te darás cuenta. Pon en marcha el pensamiento de hacer que ocurra, y verás cómo se materializa. Por favor, cuente en voz alta. 100 (Paciente) Aumenta tu estado de calma, y los dígitos que desaparecen se acelerarán. (Noventa y nueve.) Vea cómo las cifras empiezan a desvanecerse ante sus ojos. (Noventa y ocho.) Ahora habrán desaparecido.... Haz que ocurra.

Tienes que hacerlo porque yo no lo haré. Haz que desaparezcan, que se desintegren, que se borren. ¿Los hemos perdido todos? [El sujeto responde inicialmente "sí", pero después de que Elman le pregunte y le ponga a prueba, se da cuenta de que el sujeto está "demasiado agotado para continuar"].

Deshazte de las figuras por completo, por favor. Expúlselas... ¿Es así? Desaparezcan, por favor. Usted levantará la mano, y cuando la suelte, todas las demás cifras desaparecerán. ¿Desea que se retiren y se queden quietos mientras usted...? ¿Es así? (Sí.)" Elman, Hipnoterapia (1964), pp. 60-65.

"Relájate", comienza la versión modificada del guión de introducción de Elman. Pon las manos sobre el regazo o apóyalas en la mesa.

Ahora mira hacia arriba y hacia atrás como si estuvieras intentando concentrarte en un lugar de la frente mientras inclinas ligeramente la cabeza hacia delante. Eso es forzar, pero debe persistir. Mientras mantienes esta mirada hacia arriba y hacia atrás, inhala profundamente hasta que tus pulmones estén completamente llenos. Un segundo mientras hacemos una pausa. Mientras exhala lenta y pacientemente, mantenga la mirada fija hacia arriba y los ojos cerrados. Ahora, con todos los sistemas en marcha, relájate desde la cabeza hasta los dedos de los pies. Relájate como un muñeco de trapo y deja que tus músculos se aflojen y se hundan.

Ahora, vuelve a posar tu conciencia en esos párpados. Aunque los ojos ya se hayan cerrado, imagínatelos haciéndolo de nuevo, esta vez con una sensación aún más lúgubre, somnolienta y lenta que la primera vez. Cierra los ojos tan suavemente que parezca que no van a volver a abrirse. Una vez que lo hayas hecho, puedes comprobar si realmente sientes que se cierran. Empuja con más fuerza contra esa relajación y date cuenta de que cuanto más intentas hacer el esfuerzo, más perezosos, aletargados y relajados están esos párpados en ese momento. Pon fin a tus esfuerzos y relaja la parte de ti que se esforzaba por hacerlo. Tus párpados no están realmente cerrados, sólo parece que lo están. El hecho de que puedas notar que realmente te estás relajando es alentador.

Aquí te mostraré cómo profundizar aún más tu estado de relajación. En un minuto contaré 1, 2, 3, cuando llegue al número tres puedes abrir los ojos un segundo antes de gesticular y pronunciar la palabra "dormir". Al invocar la orden "dormir", sólo tienes que cerrar los ojos y te encontrarás de nuevo en hipnosis, sólo que más que antes. Ahora, uno, dos, tres... cierra los ojos, prepárate para "dormir" y échate una siesta mucho más larga y profunda de lo habitual. De nuevo, cuenta hasta tres, cierra los ojos y di "duerme"; esta vez, déjate llevar el doble de profundamente. Ahora, uno, dos, tres, abre bien los ojos, prepárate para "dormir" y relájate aún más profundamente que antes.

Ahora estás relajando el cuerpo muy profundamente, y mientras relajas el cuerpo estás relajando la mente. Voy a mostrarte cómo calmar tu mente aún más ahora mismo. En un minuto, quiero que empieces a contar hacia atrás desde 100. Sólo te llevará unos pocos dígitos, y mientras cuentas, debes ir bajando gradualmente la voz hasta que estés contando en un susurro y finalmente en silencio, como el hipnoterapeuta está haciendo ahora para ilustrarte.

Con el tiempo, cuando la voz se calme, los números serán cada vez más difíciles de distinguir.

Susurra el primer número y luego guarda silencio mientras lo cuentas para ti. Empieza a contar y, mientras lo haces, deja que tu mente divague y tus músculos se relajen.

[Intercambia recomendaciones para relajar la voz y pasar al silencio hasta que el sujeto deje de contar].

Sí, eso es todo. Bien. Ahora relájate aún más, y ya que estás, dalo todo para recordar esos números de teléfono, sólo para descubrir que no los encuentras por ninguna parte. "

REFERENCIAS:

Guión de inducción hipnótica de Dave Elman - UK College of Hypnosis .... https://www.ukhypnosis.com/dave-elman-hypnotic-inductionscript/

THE ELMAN INDUCTION (original). https://hiddenjourneys.com.au/resources/Elman_Induction_Original.pdf

Capítulo 3 - ¿Qué ocurre en el cerebro?

La hipnosis como campo de estudio.

Si escucha con atención, puede oír las palabras "makes you sleepy" mientras el péndulo oscila de un lado a otro. Además, en el momento en que su dedo toca... Como la hipnosis como esto ha sido visto por todo el mundo. La hipnosis no es sólo un truco, a pesar de lo que muchos puedan creer. Que la hipnosis es factible y puede producir cambios neuronales observables está respaldado por la investigación. Como forma de tratamiento, algunos psicólogos la recomiendan para mejorar el bienestar fisiológico y psicológico de los pacientes. La observación de las ondas cerebrales de las personas ha arrojado luz sobre la diferente susceptibilidad de cada individuo a la hipnosis. Vídeo del canal "scishow" de YouTube, uno de los favoritos de los aficionados a la ciencia, que presenta el estudio de la hipnosis.

La hipnosis no es un timo

El reverendo Michael Aranda: Su atención se desviará al país de los sueños si mira fijamente un reloj que oscila como un péndulo toda la noche. Además, el clip completo se reproducirá en cuanto toques la pantalla.

No hay duda de que ha presenciado hipnosis de este tipo. Como en la película "Office Space", dando órdenes, chillando como un pato e incluso cambiando de personaje. Los escépticos dudan de esta hipnosis por la forma en que parece funcionar. Tal vez este reloj y esta voz son más potentes de lo que creo, pero lo dudo.

Hasta donde yo sé, la hipnosis no es algo que se saca para echarse unas risas en una fiesta. Los estudios científicos han demostrado que la hipnosis es factible y puede producir alteraciones neuronales significativas. Los psicólogos pueden recomendarla como método terapéutico para mejorar su salud física y mental.

En ese caso, la hipnosis podría ser real. La capacidad de adoctrinamiento no es exagerada. Hace miles de años que se describen experiencias de trance y diversas formas de meditación.

La hipnosis moderna se atribuye a menudo a un médico llamado Franz Mesmer, que trabajó en el siglo XVIII.

Figura histórica que dio origen a la palabra "hipnotizar". Mezmer propuso una explicación para el mundo natural que bautizó como "magnetismo animal". Estaba claro que ocurría algo más que simple atracción sexual.

En su mente, todos los seres vivos estaban impregnados por una corriente invisible de fuerza magnética. Afirmaba que manipulando el flujo se podía remediar cualquier enfermedad.

Con poca luz, música enigmática, fuerzas magnéticas y una serie de indicaciones gestuales, intentaba sacar al paciente de su trance y restablecer el equilibrio del flujo invisible. A raíz de ello, algunas personas que antes estaban enfermas se recuperaron.

La comunidad química, tras estudiar las fuerzas magnéticas de los animales, llegó a la conclusión de que el flujo de fuerza magnética no se correlacionaba con una mejora de las capacidades curativas. Los estudios de Mezmer ya no se toman en serio, y el tratamiento trans ha dejado de ser una opción viable para el avance médico.

Sin embargo, el cirujano James Blade empezó a estudiar esta opción de tratamiento a mediados del siglo XIX.

El término "hipnosis", derivado de la palabra griega "hypnos" y que se me ha dado con fines explicativos, es una invención mía. Ya que estar en trance se parecía mucho a estar dormido.

Los psicólogos clínicos modernos suelen asociar la hipnosis con la somnolencia. La concentración hipnótica se parece mucho a meditar. A diferencia de la vistosa hipnosis de la televisión, la hipnosis clínica es increíblemente sencilla. Concentración, eso es todo.

Suenan sutiles melodías de fondo, pero despejar el camino es el objetivo principal. El hipnotizador habla en voz baja y anima al paciente a concentrarse, como con un reloj de bolsillo que tiembla periódicamente. También les permite un tiempo de relajación. Como resultado, se mostrarán menos cautelosos y más receptivos a sus consejos. Dependiendo de los resultados deseados de la hipnosis, el hipnoterapeuta puede dirigir al paciente a ver ciertos escenarios o dar instrucciones específicas. Sencillo, ¿verdad?

Características de las personas hipnotizables y no hipnotizables que hacen a las primeras más susceptibles a su influencia.

En general, los psicólogos clínicos están de acuerdo en que el objetivo de la hipnosis es inducir un estado profundo de relajación y concentración. La hipnosis tiene dos explicaciones psicológicas contrapuestas.

El estado alterado de conciencia es cuando la hipnosis conduce a otra conciencia. Es un estado mental totalmente distinto, análogo al sueño, en el que los procesos de pensamiento típicos están alterados o incluso ausentes.

Por otro lado, la teoría del no-estado compara la hipnosis con la actuación en una obra de teatro.

No se trata de un cambio químico o físico en el cerebro, como un estado alterado de conciencia, sino del resultado de una atención concentrada y del poder hipnótico de la sugestión. En pocas palabras, eres consciente y no infringes ninguna ley. Además, los investigadores necesitan ahora pruebas adicionales para aclarar psicológicamente la hipnosis.

Algunas personas están más abiertas a la hipnosis que otras, y esto es bien sabido. El estado de hipnosis lo elige el individuo. Hay que escuchar al cirujano, concentrarse e intentar relajarse.

Entre el diez y el quince por ciento de la población puede estar especialmente abierta a la hipnosis, según los estudios. Estas personas son propensas a la hipnosis durante la sesión. El veinte por ciento de las personas son especialmente resistentes a la hipnosis. Otras son mixtas.

No está claro por qué se hipnotiza tan fácilmente, aunque la disección de su cerebro ha revelado un cambio sutil que probablemente tenga algo que ver.

Los investigadores utilizaron imágenes de resonancia magnética (IRM).

Según los resultados, la punta del cuerpo calloso era significativamente mayor en quienes eran más susceptibles a la hipnosis. Es la parte que controla la concentración.

Otros investigadores han analizado las ondas cerebrales de pacientes hipnotizados. El cerebro, en pocas palabras, no puede funcionar sin un suministro constante de energía electroquímica. ¿Por qué? Porque los nervios dependen de ella para comunicarse.

Mediante EEG y EEG, los investigadores rastrearon el trabajo del cerebro y observaron diversos patrones de EEG.

Los estudios han indicado que las personas propensas a la hipnosis son especialmente propensas a potenciar las ondas theta. Tiene que ver con la atención y la visualización. Esta es la situación que se produce cuando uno se dedica a la aritmética mental o a soñar despierto.

Después, técnicas de imagen como la resonancia magnética y la electroencefalografía (EEG) revelaron los efectos del estado hipnótico en el enfoque del cerebro. Esto da credibilidad al concepto de concentración suave.

¿Por qué se deja a discreción del hipnotizador?

Sin embargo, ¿por qué cambia la perspectiva del paciente tras escuchar la recomendación del cirujano?

Implica el principio del procesamiento descendente.

La información de los sentidos inunda el cerebro. Una vez procesados e interpretados los datos, nos hacemos una idea de la situación. Por lo tanto, en el procesamiento descendente, la información almacenada en la memoria a largo plazo y las expectativas formadas a través de la inferencia tienen un efecto sobre la información que se percibe y recibe a un nivel inferior.

Esto era de conocimiento común entre los científicos cognitivos. También existen diversos ensayos para examinar este impacto. La gente consume vino porque está disponible a distintos precios. Los vinos que consumo son los mismos, pero los que se consideran más caros son un poco más sabrosos. Probablemente porque anticipé que sería delicioso. Más concretamente, el área del cerebro responsable de la felicidad ha aumentado su actividad.

El enfoque descendente también describe el efecto placebo. Si toma un medicamento que su médico cree que mejorará su salud, lo encontrará eficaz. Sí, aunque sólo sea azúcar.

En pocas palabras, bajo hipnosis, las personas son más receptivas a las nuevas ideas y están más dispuestas a modificar sus perspectivas y expectativas en consecuencia. Este efecto hipnótico también se ha demostrado experimentalmente.

El test de Stroop es un ejemplo de ello. Existen numerosas frases para describir tonos básicos como el rojo y el azul. Pero en lugar de leer una palabra, se lee el color relacionado con esa palabra. No debería haber amarillo en un texto azul.

Es un problema muy difícil de resolver. Esto se debe a que el procesamiento de las palabras y los colores de las palabras se produce simultáneamente. Un grupo de neurocientíficos utilizó el test de Stroop para examinar los efectos de la hipnosis. Con ayuda de la resonancia magnética funcional (fMRI), estudiaron la posibilidad de registrar los colores asociados a las palabras.

Tanto los individuos naturalmente susceptibles a la hipnosis como los que no lo son son fácilmente hipnotizables mediante el uso de técnicas de relajación. Y ofreció una recomendación relevante para el debate. Para acelerar el proceso de determinación del color, la pantalla de resonancia magnética leía en voz alta una palabra que era esencialmente un galimatías.

Me sometí a un escáner cerebral durante una prueba Stroop unos días después de mi sesión de hipnosis. Las personas más susceptibles a la hipnosis, es decir, las que inician las conversaciones con una sugestión, también aplicaban mejor la palabra color.

Para colmo de males, también había variaciones perceptibles en la actividad cerebral. Por alguna razón, la región cerebral responsable de descodificar los caracteres permanecía inactiva. Es como si el cerebro simplemente ignorara las palabras y no las procesara como lenguaje. Mientras tanto, las cosas estaban claras como una campana en la oficina. Contrasta eso con la mente de alguien que luchó activamente contra la hipnosis.

El método hipnótico puede haber alterado las creencias previas del sujeto. Esto me permitió percibirlo como un arco iris de matices en lugar de como garabatos incomprensibles. Además, los neurocientíficos han descubierto que impide la formación de nuevos recuerdos.

El participante fue hipnotizado una semana después de ver el clip de 45 minutos. Para recordar la película, se le dijo que se olvidara de ella y obtuviera otro autógrafo. Tras recibir la señal de olvido y entrar en la resonancia magnética funcional, el participante seguía sin recordar el argumento de la película. Sin embargo, sí recordaba las características de la sala donde había visto la película. Ciertas zonas del cerebro relacionadas con la memoria estaban menos activas que en el grupo no hipnótico.

Entonces, en teoría, lo único que serías capaz de recordar es la escena recurrente en la que aparece el padre de Luke Skywalker. La amnesia post-hipnótica describe esta condición. Fue utilizada como modelo de investigación para la amnesia real. Es como tener un TBI sin tenerlo realmente.

Algunos hipnoterapeutas lo utilizan para trucos de fiesta, mientras que otros lo emplean como herramienta eficaz para objetivos médicos y psicológicos.

Los cirujanos que utilizan la hipnosis afirman que ayuda a sus pacientes a sentirse más relajados y cómodos durante los procesos quirúrgicos y postoperatorios. Del mismo modo, puede utilizarse para aliviar las molestias y calmar los nervios durante el parto. El tratamiento conductual puede complementarse con hipnosis. Dejar de fumar, afrontar la depresión, el trastorno de estrés postraumático, etc.

Sin embargo, la hipnosis no puede sustituir al tratamiento médico. Las recomendaciones hipnóticas pueden no ser útiles para todo el mundo. Si es así, no se puede negar la hipnosis. Se puede contar con ella. A pesar de que la hipnosis sigue siendo poco conocida por los psicólogos. La hipnosis ha sido descrita como concentración y expectación por algunos y como otro estado de conciencia por otros.

La hipnosis, como mucho, sirve para demostrar las extraordinarias capacidades del cerebro. No se puede desconectar ni dormir si no se está dispuesto a hacerlo. Se puede alterar la perspectiva para aliviar o incluso olvidar el sufrimiento.

Capítulo 4 - Hipnosis extremadamente rápida

Se dice que las personas que entran en estado hipnótico al ser sometidas a una sugestión hipnótica se encuentran en un trance inducido instantáneo, o hipnosis instantánea. Las distintas formas de hipnosis, como la autohipnosis y la hipnosis conversacional, así como otros métodos de entrenamiento mental, permiten grados crecientes de relajación y sugestionabilidad. La hipnosis instantánea guiada suele implicar una única acción física y la dirección de un hipnoterapeuta u otro profesional cualificado.

El primer paso en la hipnosis inducida instantánea suele ser conseguir que el sujeto acepte ser hipnotizado. La primera sesión de hipnosis no suele ir acompañada de una inducción instantánea. Una persona suele pasar primero por otra forma de hipnosis para alcanzar una condición de trance y alterar su nivel de conciencia.

Cuando el hipnotizador está bajo su propio hechizo, puede aconsejar a su cliente que se someta a una inducción rápida en su próxima sesión. Si el sujeto da su consentimiento, el hipnotizador suele indicarle que entre en estado de trance con sólo pronunciar una frase desencadenante, a menudo acompañada de acciones físicas como dejar caer la mano del sujeto. Este es el momento en que se pronuncia la "palabra desencadenante". Por poner sólo un ejemplo, si el hipnotizador levanta la mano del sujeto y pronuncia la palabra "dormir", el sujeto entrará en hipnosis.

Los interesados en estudiar la hipnosis instantánea suelen considerar que es una habilidad sencilla de dominar, tal y como se muestra a menudo en espectáculos y otras presentaciones de hipnosis. En realidad, sin embargo, los hipnotizadores normalmente no aprenden a realizar hipnosis guiada instantánea hasta que han estudiado, practicado y dominado otras teorías y técnicas de hipnosis. La hipnosis instantánea es una técnica que requiere tiempo y práctica para dominarla, pero un hipnotizador experto puede lograr resultados notables. La confianza del individuo en la competencia del hipnotizador es crucial para el éxito de la hipnosis guiada inmediata.

Muchas personas recurren a la hipnosis como medio para tratar una amplia gama de problemas personales, y la hipnosis guiada instantánea es una herramienta eficaz para ello. También es más fácil para los hipnoterapeutas aplicar esta estrategia durante una sesión. Este método acorta la duración típica de la inducción de un estado alterado de conciencia. Independientemente del tiempo que se tarde en inducir el estado de trance, la sesión se centrará normalmente en el mismo tema por el que el cliente entró inicialmente.

Capítulo 5 - Método de hipnosis instantánea

Muchas personas, a pesar de tener una comprensión más matizada de la "hipnosis" y del campo de la psicología en su conjunto, asocian el término con el estereotipo del hipnotizador de televisión.

Es hora de dormir...

Cuando abra los ojos por la mañana, seré un perro....

Es hipnosis sin nada divertido. Por eso, la hipnosis puede seguir teniendo una connotación negativa en Japón.

Para empezar, no tiene sentido utilizar la hipnosis para hacer que la otra persona se comporte como un perro, reaccione a un determinado término o sea incapaz de pronunciar un determinado número.

Por el contrario, la terapia de hipnosis empleada en psicoterapia suele implicar la hipnosis regresiva, en la que el paciente revisita acontecimientos traumáticos de su infancia en un esfuerzo por curarse del trauma y de los acontecimientos desagradables del pasado.

La hipnosis se utiliza para "operar inconscientemente para provocar los cambios deseados", como dicen sus defensores. Reconocer su génesis es crucial.

Por cierto, este tipo de "hipnosis" también incluye algo denominado "hipnosis instantánea". Un cliente puede entrar en trance hipnótico en cuestión de segundos.

Instrucciones paso a paso para iniciar un estado hipnótico instantáneo

La hipnosis rápida puede conseguirse de varias formas diferentes. Aquí ofrecemos una introducción a la hipnosis instantánea, tras la cual el cliente experimenta un proceso muy similar al de la hipnosis tradicional.

Repasaremos la inducción de caída del brazo, una de las formas más comunes de facilitar a alguien la hipnosis rápida.

Éstas son las 6 medidas

Coloque la mano del cliente en la palma del consejero, explique la hipnosis, haga que el cliente se concentre en la frente del consejero mientras éste empuja hacia abajo las manos superpuestas.

Usted puede: - Desviar instantáneamente la atención - Entrar en un estado hipnótico que hará que los compradores se olviden de todo lo demás (estado de hipnosis).

El primer paso es que tomen asiento.

Pide a tu sujeto hipnotizado que tome asiento. Tranquilícelo pidiéndole que tome asiento.

Sus nervios se concentrarán en la incómoda sesión si tiene que sentarse en una silla alta con las piernas colgando e inquietas o en una que no tenga respaldo, lo que dificultará aún más la introducción de la hipnosis.

Ofrece una explicación de la hipnosis (punto 2).

La hipnosis no puede introducirse con éxito si el cliente teme el proceso.

Una relación de confianza entre el asesor y el cliente es esencial para que cualquier forma de asesoramiento tenga éxito, no sólo la hipnosis.

Debes asegurarte de que la terapia de hipnosis a la que te vas a someter es inofensiva, no te causará ningún daño y dejará claros sus efectos previstos.

En tercer lugar, el orientador debe coger la mano del cliente y ahuecarla en su palma.

El terapeuta extenderá una mano, con la palma hacia arriba, hacia el cliente.

Dígale al paciente que ponga la palma de la mano sobre la del consejero.

④ Centra tu atención en la frente del terapeuta mientras ejerces presión sobre las manos entrelazadas.

Dígale a su cliente que se centre en la frente del terapeuta. Dígale que apile las manos y luego presione sobre ellas.

Por el contrario, el orientador apoya la fuerza de empuje descendente del cliente llevando su mano hacia arriba desde abajo.

Distraiga inmediatamente la atención del cliente (5).

Esto debe hacerse inmediatamente para desviar la atención de las manos y la frente. Dígale al cliente que interprete una canción infantil sencilla o que repita su nombre al revés.

Realice inmediatamente las tres acciones siguientes mientras espera.

Retire la mano con cuidado de las palmas entrelazadas. 2. Duerma (o diga una palabra que le haga decir "¡Sí!") clara y audiblemente.

3 Con la palma de la mano, empuje suavemente el torso del cliente hacia atrás y presione sobre el hombro.

La cabeza o el cuerpo de tu cliente podrían sufrir lesiones graves si entras rápidamente en trance y no extremas las precauciones.

Debido a la incapacidad del cliente para proporcionarse apoyo a sí mismo cuando está inconsciente, debe prestarse especial atención a la cabeza y apoyarla firmemente.

Seis Entrar en trance profundo.

El estado hipnótico ha hecho efecto en el cliente.

El procedimiento de deshipnotización

Al igual que con cualquier otro hipnotizador, cuando se rompe la hipnosis se le ayuda a despertar gradualmente.

Utiliza "Vuelves despacio" como ejemplo. Ahora estoy tranquilo y feliz. En cuanto cuente hasta diez, estarás bien despierto. Por la mañana, te sientes fresco y a gusto. Su estado oficial es "estado".

Además, contar hacia atrás desde diez les ayudará a recuperar la conciencia y a seguir las instrucciones dadas.

Resumen

Introducir la hipnosis inmediata puede parecer sencillo al principio.

Aunque no tengas experiencia ni formación en ello, creo que puedes intentarlo; sin embargo, no te aconsejo que lo hagas sólo por diversión.

Es arriesgado, es difícil encontrar lo bueno en el adversario y es fácil llegar a la conclusión de que no se puede ser un líder eficaz.

Como mencioné al principio, saber por qué existe la hipnosis es crucial.

La hipnosis también se conoce como trance o estado de alteración de la conciencia. La hipnosis es similar al estado mental en el que uno está pensando en algo mientras se siente cansado justo antes de dormirse.

La hipnosis produce un estado de conciencia ligero y receptivo. Si mantienes la mente abierta y no lo analizas todo en exceso, podrás disfrutar de la vida más plenamente. Merece la pena tener en cuenta los consejos del consejero.

Hipnosis de corta duración que, a primera vista, parece estar al alcance de cualquiera.

Por lo tanto, es posible que el secreto del éxito de la hipnosis rápida esté en identificar la dirección de la hipnosis y el estado deseado por el cliente.

Capítulo 6 - Autohipnosis, paso a paso

Se basa en el método de entrenamiento autógeno desarrollado por el psiquiatra alemán Dr. JH Schultz en la década de 1930 para preparar los nervios autónomos, y el término "autohipnosis" se refiere al estado hipnótico que se consigue mediante esta práctica.

La autohipnosis puede utilizarse para hacer aflorar talentos dormidos, pero también es un talento en sí mismo.

Hoy en día, no es fácil progresar.

Y algunas personas están más abiertas a la hipnosis que otras.

Personas propensas a la autohipnosis.

La verdad es que la gente suele hipnotizarse subconscientemente. Es una práctica habitual cuando uno está motivado por la inspiración. Se trata de una función del cerebro, aunque la susceptibilidad a la sugestión en esta fase se denomina sugestionabilidad.

Se suele pensar que las personas muy sugestionables, como las que afirman haber visto fantasmas, las extremadamente creativas y las que suelen describirse como "naturales", son vulnerables a la autohipnosis. Dado que la autosugestión es una sugestión a uno mismo, las personas de mentalidad directa o que creen en el impacto tienen más probabilidades de alcanzar la autohipnosis sólo por recomendación.

Personas menos propensas a autohipnotizarse

Por el contrario, quienes son quisquillosos con sus opiniones, tienen problemas para articular sus sentimientos y no confían en la eficacia de la hipnosis se caracterizan por ser más difíciles de autohipnotizar. Se afirma que quienes no se autohipnotizan son menos propensos a sufrir autohipnosis. En particular, es difícil entregar una nueva sugestión de autohipnosis a una persona que está fascinada con una noción.

Ventajas de la hipnosis para uno mismo

La ventaja fundamental de la autohipnosis es el alto grado de libertad que puedes sugerirte a ti mismo en cualquier momento que desees.

siempre puedes darte las recomendaciones que necesitas. Impulsar la inspiración, por ejemplo, podría ayudar a las personas a dar los pasos necesarios para hacer realidad sus objetivos.

Además, alivia el estrés y la ansiedad y ayuda a ver las cosas con más optimismo.

La autohipnosis tiene sus inconvenientes.

Por el contrario, hay desventajas, y la principal desventaja de la autohipnosis es que es difícil de aprender. Muchas personas renuncian a aprender autohipnosis por su cuenta después de fracasar repetidamente en el intento. Entonces, puedes aprender a utilizar la autohipnosis asistiendo a un seminario o a una conferencia impartida por un hipnotizador que enseñe hipnosis.

Autohipnosis: cómo hacerlo uno mismo

He aquí algunos consejos para la autohipnosis. Al practicar la autohipnosis, lo mejor es hacerlo en un entorno tranquilo y privado. Sentarse profundamente, como en un sofá o futón, le permite dormir de forma natural mientras se hipnotiza. La autohipnosis puede mejorarse entrando en un estado de sueño profundo en el que se suspende el pensamiento consciente.

La autohipnosis consiste en respirar hondo, inspirar profundamente, cerrar los ojos, contener la respiración y soltarla lentamente. El proceso debe repetirse 5 veces. A continuación, dígase una y otra vez que le pesa la mano derecha. Siga el mismo procedimiento con la mano izquierda, luego el pie derecho, el pie izquierdo y, por último, la cabeza.

La autohipnosis funciona mejor si reflexionas sobre las afirmaciones que te dices a ti mismo y la imagen mental que evocas de cómo te gustaría cambiar. Si estás intentando perder peso, por ejemplo, imagínate con un aspecto estupendo. Si tienes sueño, descansa. Haz esto todos los días hasta que lo domines.

Sugerencia para usted

La sugestión necesaria para la autohipnosis es una palabra para la imagen que recitas en tu corazón, pero la sugestión es indispensable para imaginar lo que deseas ser.

La clave está en formular la propuesta en pasado o en presente progresivo. Tenga en cuenta que, en este momento, no estoy escribiendo una carta a mi yo futuro. Utiliza palabras como "ya" o "llegar a ser" para transmitirte a ti mismo que ya has alcanzado tu objetivo.

Asegúrese de que la frase provocadora sea constructiva. La mente subconsciente hace que sea más difícil identificar la negación, por lo tanto, asegúrate de que sea una frase positiva. Si estás a dieta, no digas "no estoy gordo", en su lugar haz que sea un término positivo como "delgado".

Conviértalo en una frase de éxito perfecta como "He conseguido perder kg" o "He conseguido dejar de fumar por completo".

Sugerencia

La sugestión automática describe el proceso de autohipnosis. La sugestión son "estímulos lingüísticos que influyen en las ideas y percepciones" o "estímulos (sensoriales) no verbales". Los estímulos no verbales tienen un efecto sobre el "sentido visual", el "sentido auditivo", el "sentido físico (sentido táctil)", el "sentido del olfato" y el "sentido del gusto", y entiendo los estímulos lingüísticos, pero significan "estoy delgado".

Hacerse sentir hambre preparando comida maravillosa es un impacto sugestivo del estímulo. La autoestimulación, o autosugestión, puede lograrse mediante el uso de palabras u otras formas de comunicación.

Subconsciente

La autohipnosis funciona mejor cuando la practica alguien que conoce a fondo la mente subconsciente. La autohipnosis es una forma de reescritura subconsciente.

¿Deberías intentar hipnotizarte?

No se puede afirmar que la autohipnosis (o hipnoterapia) esté totalmente exenta de riesgos. Ya que puede ser engañosa y dar recomendaciones extrañas si no la realiza un hipnotizador competente. En el pasado, las recomendaciones extrañas se han relacionado con disfunciones autonómicas y enfermedades mentales.

Practicar la autohipnosis no es un juego, sino un método serio de crecimiento personal y resolución de problemas. Sin embargo, la autohipnosis es generalmente inofensiva, siempre que no se saquen conclusiones ilógicas de ella. La autohipnosis está libre de riesgos siempre que te ciñas a las ideas que se adhieren a "confiar en ti mismo" y "conocer los fundamentos de la hipnosis".

Capítulo 7 - Autohipnosis para dormir de bebé

El insomnio, que puede deberse a la dificultad para aliviar el estrés, puede amplificar las emociones negativas.

Mediante la autohipnosis, se puede lograr la paridad de orientación entre los niveles racional, analítico y emocional de la mente. Es imposible tomar una decisión imparcial cuando la mente está orientada en sentido contrario. La autohipnosis alinea estos dos estados de conciencia, elimina el conflicto mental y facilita una evaluación objetiva tanto del estado mental como de las circunstancias. Al hacerlo, podrá mejorar las decisiones en cualquier escenario". (Sr. Hayashi)

Además, la autohipnosis parece ser ideal para las personas que tienen muchos problemas y les cuesta conciliar el sueño a causa de ellos.

Entrar en un estado hipnótico, también conocido como trance, es como entrar en un estado de letargo mental "y es la mejor manera posible de relajarse antes de acostarse".

Nunca digas "Vamos a hacerlo" porque sientas que tienes que hacerlo. El estrés y la falta de sueño son el resultado de la lucha de tu mente consciente contra los esfuerzos de tu subconsciente por encontrar una solución a la situación. Hipnosis Cuando tengas más información y una imagen más clara del problema, te sentirás menos estresado y más tranquilo." (Sr. Hayashi)

Según el Sr. Hayashi, la autohipnosis exige "concentración en un solo punto" para tener la misma dirección de conciencia, lo que favorece de forma natural la concentración. Además, la autohipnosis alivia el estrés del cerebro, lo que permite al subconsciente crear más fácilmente nuevos pensamientos y nuevas percepciones.

Está demostrado que ayuda a las personas a rendir mejor en el trabajo cada día.

■ ¡Puedes hacerlo desde hoy mismo! Método de "autohipnosis

Cualquiera, en cualquier momento, puede iniciarse en la autohipnosis, lo cual es una gran ventaja, según Hayashi.

"La clave está en relajarse de la cabeza a los pies. Como el cerebro y el cuerpo están interrelacionados, reducir el estrés de todo el cuerpo relaja naturalmente la tensión del cerebro" (Sr. Hayashi) (Sr. Hayashi).

El Sr. Hayashi me mostró al instante una forma de autohipnosis que incluso los novatos pueden practicar fácilmente.

Producir hipnosis con la propia voluntad (entrenamiento autógeno).

"El entrenamiento autógeno es una forma de autohipnosis que se utiliza como tratamiento de enfermedades mentales y como forma de salud mental en todo el mundo. Esto es así porque la habilidad fundamental de la autohipnosis, la "concentración en un punto", se aprende fácilmente. Ideal para principiantes" (Sr. Hayashi)

El entrenamiento autógeno se realiza mejor tumbado boca arriba en un futón, igual que cuando se va a dormir.

<Paso 1> La sensación de tener los brazos o las piernas pesados es sugerida por la frase "brazos / piernas pesados".

Empieza diciendo "Brazo derecho pesado.... Brazo derecho pesado..." en voz alta durante 30 segundos seguidos. Si tu brazo dominante es el izquierdo, di "brazo izquierdo". Después de 30 segundos, sienta el peso del brazo derecho que le sugiere mientras repite "Me siento muy tranquilo...".

Repita el procedimiento de girar rápidamente la conciencia hacia el brazo opuesto y repetir la sugerencia en el orden de brazo derecho brazo izquierdo pierna derecha pierna izquierda, y continúe haciéndolo hasta que experimente una sensación de pesadez. Esto debe hacerse independientemente de si experimenta o no una sensación de pesadez. Cuando haya llegado al punto en que pueda sentir conscientemente el peso de las extremidades por sugestión, pase al siguiente nivel.

"

No cometa el error de intentar hacerse más pesado o calmarse en el momento. Intente generar un estado más débil sólo con el poder sugestivo mientras habla. Así que, vamos a ello. Si te sientes un poco más pesado de lo habitual, es porque tus músculos se han calmado, lo que ha liberado presión en tus vasos sanguíneos. Puede que te cueste algún esfuerzo, pero si dominas esta etapa, los pasos siguientes irán sobre ruedas." ...(Sr. Hayashi)

<Paso 2> Implicaciones del calor de las extremidades Los brazos y las piernas se mantienen calientes.

De nuevo, durante unos 30 segundos, insinúa "caliente" y luego, mientras dices "me siento muy tranquilo...", experimenta el calor de la sección indicada. Para sentirte caliente, debes seguir haciendo esto, empezando por el brazo derecho, luego pasando al brazo izquierdo, después a la pierna derecha y, por último, a la pierna izquierda. Cuando tus extremidades se sientan cómodas, pasa a la siguiente fase.

"El primer paso para elevar la temperatura corporal central es aumentar el flujo sanguíneo. Reforcemos y solidifiquemos esa sensación mediante la sugestión. Cuando puedas sentir calor, podrás descansar tanto física como mentalmente. Necesitas estar en un estado de agitación". (Sr. Hayashi)

<Paso 3> Frecuencia cardiaca recomendada: el latido silencioso del corazón.

Después de continuar con el paso 2, aconseje que "el corazón lata tranquilamente" durante unos 30 segundos y, finalmente, sienta que el corazón late suavemente mientras dice "me siento extremadamente relajado..." Hagámoslo. Si te sientes tranquilo por dentro, estás listo para el paso 4.

* Si tu corazón no está a la altura, pasa al paso 4.

Consejo para regular la respiración: "Respirar es fácil".

Después de pasar al Paso 3, me pasé unos 30 segundos bromeando: "Estoy respirando muy agradablemente.... Estoy respirando suave y lentamente", antes de conformarme finalmente con: "Me siento muy relajado". Respira hondo y disfruta de la paz que te transmite. Cuando hayas alcanzado un estado de respiración tranquila, pasa al paso 5.

* Si tiene problemas respiratorios, puede saltarse el paso 5.

"Al latir con calma tu corazón, tu respiración se tranquiliza proporcionalmente. Es difícil intentar ralentizar la respiración, así que no lo hagas". Sr. Hayashi, en el quinto paso: "estómago caliente" como metáfora del calor interno.

Después de proceder al paso 4, dígase a sí mismo que su estómago está caliente durante unos treinta segundos y, finalmente, sienta el calor de su estómago mientras afirma "Me siento extremadamente relajado..." Si siente que su estómago está caliente, continúe con el paso 6.

<Paso 6> Consecuencias de un dolor de cabeza frío Implicaciones: "La frente está fría".

Por último, después de 30 segundos de afirmar "Me siento extremadamente tranquilo..." y de concentrarte en el frescor de tu frente, pasa al paso 6.

"Se dice que cuando sientes la frente fría, estás en el mejor estado de tu cuerpo y tu mente está perfectamente estable. El estrés se absorbe por completo, por lo que es el estado óptimo para estudiar y trabajar". El Sr. Hayashi recomienda realizar los pasos 1-6 durante 5-10 minutos al día, una vez al levantarse y otra antes de acostarse. Hacerlo justo antes de acostarse hará que te sientas relajado y preparado para dormir.

"Autohipnosis" que alivia bien la tensión y mejora la calidad del sueño. Al tomarse un tiempo libre, puede recargar su cuerpo y su mente, lo que le permitirá trabajar mejor cuando vuelva. Si quieres "sentirte bien" pero no funciona, ¿por qué no empiezas por sentir "un estado de relajación en tu mente y tu cuerpo" de esta manera?

Capítulo 8 - Regresión de la edad

Cuando contemples la autohipnosis rápida, debes preguntarte a ti mismo: ¿Cuál es el significado del tiempo en tu vida? ¿Cómo te lo imaginas?

Cada persona tiene una perspectiva diferente de las cosas. Si te pido que te visualices, ¿dónde te imaginas en tu historia?

¿Crees que estará justo detrás de ti? / ¿Crees que estará justo detrás de ti? ¿O crees que está a un lado en tu imaginación? O tal vez esté en ángulo.

Cuando te pido que pienses en el futuro, ¿lo imaginas delante de ti o a tu lado?

Al pasar del pasado al futuro, cuando piensas en el paso del tiempo, ¿te lo imaginas corriendo por tu cuerpo o hacia un lado del mismo? Es posible que ninguna de estas ideas se te pase por la cabeza. Es posible que lo percibas o experimentes de un modo totalmente distinto.

Cuando estés dos horas con una mujer despampanante, te parecerá que el tiempo ha pasado volando. Sin embargo, si te sientas sobre un quemador caliente durante un minuto, creerás que has estado allí dos horas. Es la teoría de la relatividad: Einstein

¿Cómo te imaginas cuando eras más joven? La regresión de edad y la autohipnosis instantánea son dos formas de explorar esta cuestión.

Debes darte cuenta de que no existe una solución correcta o incorrecta para este rompecabezas. Respecto a este tema, cada uno de nosotros tiene un punto de vista único.

Parece que la mayoría de nosotros colocamos el pasado detrás de nosotros o a un lado, y colocamos el futuro delante de nosotros o al otro lado.

Piénsalo un momento.

Ponte las manos sobre los ojos e intenta evocar cómo era entonces, mientras sigues el camino de tu cronología particular. Para empezar, piensa en cualquier cosa que haya tenido lugar el día anterior.

Luego, la semana pasada. Luego, el mes antepasado. Después, hace un año. Cuando teníamos cinco años más y así sucesivamente.

Ahora que lo pienso, todos esos objetos estaban en distintos lugares cuando pensaba en ellos, ¿verdad? Y no me cabe duda de que eran de distintos tamaños.

Autohipnosis instantánea y regresión de la propia edad Progresión de la edad

Es una de las formas en que nuestra mente nos ayuda a dar sentido al paso del tiempo. Ahora, piensa en los años venideros. Continúa con el mismo tipo de entrenamiento.

Vuelve a cerrar los ojos. Piensa en una tarea que probablemente harás pasado mañana.

Piense en una actividad en la que podría participar a lo largo de la próxima semana. Después, dentro de unos meses (quizá unas vacaciones). A continuación, considere lo que ocurrirá en el futuro. Comprueba hasta dónde llega.

De nuevo, las distintas imágenes que crees pueden ser de distintos tamaños y estar en distintas ubicaciones. Otras ventajas son la regresión de la edad y la autohipnosis rápida.

Ahora que ya tienes tu cronología establecida, puedes darle un buen uso para inducir en ti un estado de autohipnosis inmediata.

Para empezar, dejarse llevar de vez en cuando por su línea temporal puede ser una forma encantadora de relajarse y desconectar.

Tal vez le gustaría poder retroceder en el tiempo y revivir un recuerdo feliz con un ser querido que ya no está con usted, o tal vez le gustaría poder viajar al futuro y ver lo que podría ser capaz de conseguir.

Imagina una carretera larga que se extienda hasta donde alcanza la vista, y hazla lo suficientemente ancha como para que puedas incluir todo lo que quieres conseguir a lo largo del camino. Hazlo siempre que pienses en el futuro.

Cuando reflexiones sobre tu vida, intenta viajar lo más atrás posible, hasta el primer recuerdo que tengas. Es posible que te sorprenda lo mucho que recuerdas.

Realiza la actividad de la forma mencionada, pero no antes de haber leído todas las instrucciones.

Marcar el presente y, al mismo tiempo, retroceder en el tiempo mediante la autohipnosis inmediata.

Cierra los ojos. Imagina que te encuentras en el instante presente de tu línea temporal y que estás allí de pie. Pon un asta de bandera grande en el ojo de tu mente y colócala en el suelo justo al lado de donde estás parado para que no pierdas la orientación.

A continuación, asciende en el aire por encima de tu cronología para poder observar su continuación en los años venideros.

A continuación, deberías afrontarlo desde la dirección opuesta y considerar cómo se remonta hasta el momento de tu nacimiento (e incluso más allá si quieres).

Ahora, empieza a flotar lentamente hacia atrás a lo largo de tu línea temporal, observando primero los acontecimientos más recientes de tu vida y luego, a medida que retrocedes, viendo y recordando gradualmente recuerdos más lejanos. Cuando llegues al final de tu línea temporal, habrás experimentado todo lo que te ha sucedido a lo largo de tu vida.

Mientras lo haces, recuerda las emociones que estabas experimentando en ese momento. Piensa en los olores relacionados con los recuerdos. Mientras miras las fotografías, debes ampliarlas y colorearlas a medida que avanzas.

Dado que el cerebro emplea todos estos sentidos para evocar recuerdos, te sorprenderán los recuerdos que empezarán a aflorar a medida que sigas utilizando cada uno de tus sentidos de esta manera.

Todos ellos están escondidos en lo más profundo de tu propio ser. Es tan sencillo como darles lo que quieren como recompensa.

Una vez que hayas vuelto sobre tus pasos hasta el punto en que puedas recordar los acontecimientos de hoy, continúa flotando hacia el presente de forma lenta y constante hasta que veas el asta de la bandera en el suelo. Después, descienda con cuidado hasta el suelo y relájese.

Si realiza este ejercicio varias veces en días distintos, descubrirá que cada vez aparecerá un nuevo recuerdo. Esto es algo que puedes esperar que ocurra. Si te esfuerzas más, descubrirás más información.

Vencer una dificultad mediante el uso de la regresión de edad y la autohipnosis inmediata

Imagine por un momento que en algún momento no muy lejano tendrá que enfrentarse a un obstáculo y vencerlo. Podría referirse a cualquier cosa. Podría tener algo que ver con tu trabajo, un acontecimiento deportivo, un examen o incluso una entrevista para un nuevo empleo. Por supuesto, son sólo algunos ejemplos a tener en cuenta.

Aparta los ojos y piensa en los acontecimientos de tu vida. Una vez que hayas establecido el presente plantando la bandera en el suelo, puedes ascender por encima de la línea temporal y empezar a flotar hacia atrás.

Es posible que en algún momento del pasado hayas vencido un problema comparable a éste. Todos, en algún momento de nuestras vidas, hemos triunfado contra la adversidad y la lucha, aunque las circunstancias no hayan sido exactamente las mismas.

Ahora, déjate flotar en el tiempo hasta justo antes de enfrentarte a ese obstáculo. Mira cómo te veías. Siente cómo te sentías. Presta atención a lo que has oído. Imagina que te enfrentas a la dificultad y que sales victorioso de la experiencia.

Flota un poco por delante del momento en que superaste con éxito el obstáculo. Recuerda la increíble sensación de logro que tuviste en ese momento. Toma nota de las estrategias que empleaste para superar el obstáculo.

Es importante tener en cuenta que, una vez acumulados todos los recursos, puede que no haya sido tan difícil como imaginaba.

Ahora, volvamos al aquí y ahora. Sigue moviendo el cursor sobre la línea de tiempo en la dirección adecuada. Imagina que has flotado hacia el futuro poco antes de la dificultad a la que tendrás que enfrentarte.

Vuelve a poner en juego los recursos del intento anterior. Ten en cuenta toda la información y los recursos nuevos que hayas adquirido desde entonces y compílalos todos juntos.

Ahora imagínate a ti mismo haciendo uso de esos recursos, enfrentándote al problema y superándolo con eficacia.

Piensa en los momentos inmediatamente posteriores a tu éxito y toma nota de lo fantástico que te ves y lo bien que te sientes en esos momentos.

Siempre que te sientas preparado, vuelve flotando al aquí y ahora y luego baja al suelo.

También son posibles la regresión a través de las edades y la autohipnosis inmediata.

Cuando se utiliza de esta manera con el fin de auto-hipnosis rápida, su línea de tiempo es un excelente instrumento para lograr tanto la calma y el éxito.

Cuando estás completamente inmerso en tu imaginación, no sólo estás completamente hipnotizado, sino que también estás completamente interesado en la experiencia. Éste es el método más eficaz para conseguir una autohipnosis rápida. Es un enfoque que yo empleo y que sugiero encarecidamente a los demás.

¿Qué son exactamente el hipnotismo y la PNL?

Dado que el hipnotismo es un método eficaz para presentar ventajas a la mente inconsciente, la programación neurolingüística (PNL) y la hipnosis se utilizan ahora frecuentemente juntas.

¿Qué es exactamente el hipnotismo? Por desgracia, los hipnotizadores de escenario y películas como "El expediente Ipcress", entre otras, han contribuido a extender la creencia de que es posible controlar la mente de otras personas hasta el punto de hacerlas parecer tontas en el escenario o, en el peor de los casos, programarlas para asesinar.

Ninguna de estas interpretaciones representa la verdad, la verdad completa ni nada que se le parezca.

La feroz oposición de los que tienen un intelecto medio siempre ha sido un reto para los grandes espíritus.

Albert Einstein

Hipnosis y Programación Neurolingüística - Las etapas de la hipnosis

Si tu única experiencia con la hipnosis y la PNL proviene de ver a hipnotizadores teatrales actuar en televisión, probablemente no hayas visto lo que ocurre en una actuación en directo cuando el hipnotizador pide voluntarios que le ayuden antes de que empiece el espectáculo. Si éste es tu único contacto con la hipnosis y la PNL, puede que te sorprenda lo que ocurre.

Si alguna vez has tenido la intención de convertirte en uno de ellos, sabrás que estuviste a punto de desmayarte durante el concurso por el escenario, cuando un enjambre de extrovertidos se abalanzó sobre él con la esperanza de ser elegidos.

Si el hipnotizador diera instrucciones a la mayoría de ellos para que se pavonearan por el escenario cacareando como gallinas mientras agitaban los brazos, lo cierto es que el hipnotizador no necesitaría hipnotizarlos primero, ya que lo harían de todos modos, incluso sin estar hipnotizados.

Hipnosis y Programación Neurolingüística: Ajustar el público objetivo

Los hipnotizadores de escenario están acostumbrados a analizar a su público para determinar quién de la multitud es más probable que cumpla sus órdenes y quién no, así como quién será más fácil de controlar.

Si alguien afirma que no recuerda nada desde el momento en que fue hipnotizado hasta el momento en que regresó a su asiento en el cine, debe tomar su palabra con un gran grano de sal.

Ese nivel de inconsciencia se alcanza cuando una persona está muerta o cuando está extremadamente dormida. Quienes se dedican seriamente a la práctica del hipnotismo y la PNL están familiarizados con este concepto.

Soñar despierto con técnicas de hipnosis y PNL

Es posible que fuera más exacto caracterizar el hipnotismo como un tipo de ensoñación, que es cuando la mente se divide y una mitad de uno opera en piloto automático mientras la otra parte entra en un estado de ensoñación.

En este contexto, nos referimos a las actividades de la mente consciente o inconsciente (algunos dicen "subconsciente").

Es una forma útil de describir el proceso, aunque la mente no esté realmente dividida en dos en ningún sentido significativo.

Hipnosis y programación neurolingüística: ¿Se puede hipnotizar a los demás?

Casi te oigo decir: "Bueno, nunca me han hipnotizado" o "No sería capaz de hipnotizarme". Casi puedo oír lo que vas a decir a continuación.

¿Nunca ha subido a un ascensor y se ha dado cuenta tiempo después de que se había equivocado de planta, para volver a subir inmediatamente después de darse cuenta de su error?

O, ¿alguna vez ha estado conduciendo un coche por una ruta conocida durante un largo trayecto y luego se ha dado cuenta de que durante un periodo de tiempo considerable no era consciente de que había estado conduciendo, que no recuerda haber pasado por ciertos puntos de referencia de la carretera y que su mente ha estado en otro lugar completamente distinto? ¿Has tenido alguna vez esta experiencia?

O, ¿nunca has estado tan preocupado por otra cosa que has olvidado que alguien te estaba hablando durante mucho tiempo, para darte cuenta después de que te lo habías perdido por completo? Puede que hayas dicho algo parecido a "mi mente se desvió".

Sin embargo, eso era como estar bajo los efectos de la hipnosis. Tu mente no "viajó" a ninguna parte; sigue estando en el mismo lugar dentro de tu cabeza que antes.

La relación de trabajo entre la hipnosis y la PNL

Se cree que eres más receptivo a las sugerencias que pueden serte útiles cuando estás en este estado de sueño, que es donde un practicante experimentado de hipnotismo y PNL puede posicionarte.

Para seguir adelante con el proceso, necesitamos tanto su cooperación como su voluntad de recibir tratamiento.

Cualquier sugerencia de que haga algo que le resulte repugnante u ofensivo hará aflorar rápidamente el e-estado de ese soñador, o "trance", como lo llaman los hipnotizadores. [Cita requerida] [Cita requerida]

El hipnotizador con más talento de nuestro tiempo

Richard Bandler, cofundador de la programación neurolingüística (PNL), es considerado uno de los hipnotizadores con más talento que siguen en activo. Tanto el hipnotismo como la PNL se encuentran entre sus áreas de especialización.

Richard Bandler era modelador informático y estudiante de posgrado en la época en que colaboró con John Grinder, profesor de la institución, en un esfuerzo por determinar las características del genio en individuos excepcionalmente dotados.

El pionero de la hipnosis médica moderna, el doctor Milton H. Erickson, fue una de estas personas. El mundo científico quedó perplejo ante las proezas y logros de Erickson.

Gracias a sus esfuerzos combinados, pudieron reconstruir el comportamiento extraordinariamente complicado de Erickson cuando creaba estados hipnóticos de conciencia.

Por otro lado, se dieron cuenta de que sus acciones seguían unos patrones particulares y estaban organizadas de una determinada manera al mismo tiempo.

Mi experiencia con la hipnosis

No me cabe duda de que algunos de los lectores habrán asistido a algunos de los discursos y seminarios de Richard, e incluso puede que hayan tenido el honor de ser hipnotizados por él, al igual que yo. Hipnotizar a sus alumnos es un componente esencial de la metodología de instrucción desarrollada por Richard Bandler.

A lo largo de un solo día de seminario, dos o tres alumnos, o a veces incluso más, serán hipnotizados para ilustrar un punto didáctico concreto que se vaya a presentar.

Mientras el resto del público lo observa sentado e inmóvil, tendrá la impresión de que es la persona que está sentada junto a Richard Bandler, ya que ha puesto a todos los presentes bajo su hechizo.

No le gusta que la gente tome notas durante sus charlas. Opina que no es necesario. Su técnica ya está a un nivel aceptable. En este tema, la hipnosis y la PNL van de la mano.

Cuando pienso en aquel día, recuerdo que estaba sentado junto a Richard. Solo tuvimos tiempo para una rápida conversación antes de que Richard se volviera hacia el público y comenzara lo que parecía una conversación con ellos, completada con el relato de historias y la ejecución de una técnica que más tarde aprendería que se denominaba "bucles anidados".

Cuando Richard me hipnotizó, él mismo estaba en estado de trance porque instruye a sus aprendices para que entren en estado de trance antes de hipnotizar a nadie más.

Me hizo señas para que la mirara a los ojos etéreos, momento en el que suavizó su expresión, haciéndome casi imposible mantenerme alerta.

Es casi como si estuvieras en un estado de empatía, como cuando un miembro de tu familia bosteza y tú no puedes evitar bostezar también como reacción.

El objetivo de este

La relajación y una actitud menos seria ante la vida en general, y ante mi propio estado de ánimo en particular, fueron los objetivos de la sesión de hipnosis de Richard con el grupo.

Durante toda la inducción, fui consciente de que me tocaba para anclar las ideas que hacía.

Me hizo reflexionar sobre acontecimientos significativos que habían tenido lugar en mi vida, y recuerdo claramente haber sonreído incontrolablemente mientras me encontraba en esa condición onírica. No se trataba de un acontecimiento indeseable ni terrible.

Si lo hubiera hecho, sabía que habría podido salir de ese estupor y abandonar el escenario sin que nadie se diera cuenta. En cambio, me sentía bastante bien y muy feliz.

Cuando Richard me sacudió para sacarme de mi trance y me pidió que le recordara algo muy importante, creo que fue el momento en que todos, incluido yo mismo, encontramos la situación más divertida.

Cada vez que pensaba en algo extremadamente importante, empezaba a reírme, y seguía riéndome, y seguía riéndome, y seguía riéndome, hasta que las lágrimas rodaban por mis mejillas y mis gafas se mojaban.

Naturalmente, cuanto más me reía, más se reía también el público, lo que indicaba que el ejercicio de relajación había tenido éxito. El hipnotismo y la programación neurolingüística no son temas sobre los que haya que venderme.

Historias de PNL e Hipnosis

Historias de encantamiento destinadas a los niños que inducen al lector a mirar hacia dentro y hacer uso de su imaginación para viajar a otro mundo; mientras que en este otro mundo, el lector puede permanecer completamente ajeno a lo que ocurre en el mundo real. Este es un gran ejemplo de una forma de autohipnosis que cualquiera puede hacer. Puede experimentarlo leyendo la excelente novela de Victoria Bennion, La leyenda de la carpa dorada, para sí mismo o en voz alta a un niño. Observe la expresión del niño cuando es llevado a un lugar nuevo y vea el asombro en su rostro.

Resultados increíbles

Pero en el transcurso de los seminarios de Richard Bandler en los que he participado, le he visto poner a la gente en hipnosis y conseguir resultados maravillosos. Algunos de estos resultados resultaron en la curación de fobias de larga data, pero el resultado más notable fue una señora que experimentó la liberación del estrés postraumático después de su participación en atentados terroristas.

Más información.

Por lo tanto, en lugar de intentar evitar la hipnosis, podría resultarle más beneficioso formarse en hipnotismo y PNL.

Aprende a hipnotizarte a ti mismo aunque no tengas intención de utilizar la hipnosis o la PNL con otras personas. Es una habilidad muy útil.

Te sorprenderán las formas en que puedes mejorar tu vida si te pones en el estado que deseas.

REFERENCIAS:

Hipnosis y PNL - El secreto del poder mental y la PNL.
https://www.the-secret-of-mindpower-and-nlp.com/hypnosis-and-nlp.html

Capítulo 9 - Guiones de autohipnosis altamente curativos

En esta parte te proporcionamos una amplia gama de guiones rápidos de autohipnosis para que puedas utilizarlos y empezar a conseguir todos los objetivos que te propongas. Puede que en este punto te estés preguntando por dónde empezar, y la respuesta está en cualquier parte. Empezando por el objetivo de desarrollo personal que más te inspire o que consideres necesario para tu vida, debes pasar a examinar los demás. Esto se debe a la realidad de que la consecución de todos nuestros objetivos vitales depende principalmente de nuestra propia motivación personal.

He aquí cómo utilizar los guiones de autohipnosis instantánea

Busca entre todos los títulos de guiones de autohipnosis para descubrir el que mejor se adapte a tus objetivos actuales como primer paso.

¿No hay guiones que se ajusten a sus objetivos? No se preocupe. En el próximo capítulo aprenderás a escribir tus propios guiones con facilidad.

Sin duda, tendrás una herramienta fantástica para maximizar los resultados de todo lo que quieras en la vida.

Utiliza los programas de autohipnosis instantánea siguiendo estos pasos:

1. Decida qué guión se ajusta mejor a su objetivo actual. Cada sesión debe tener un único guión.

2. Cuando estés preparado, elige una zona en la que puedas estar solo entre 10 y 20 minutos.

Siéntate en una posición relajada. Evita en lo posible tumbarte, porque si te relajas demasiado puedes quedarte dormido.

4. Si quieres, pon música instrumental suave. Asegúrate de que la música sea relajante, como música de fondo.

5. Abre el guión que has seleccionado previamente. Intenta sentir las expresiones de cada palabra mientras lo lees lentamente. Déjate seducir por sus imágenes mentales.

6. Lee "El despertar" en voz alta cuando hayas terminado de leer todas las ideas del guión. Es cierto que puedes salir de la hipnosis de forma gradual y orgánica sin leer esta sección. Sin embargo, puedes salir rápida y eficazmente leyendo "El Despertar".

Para ser eficaz y empezar a notar los resultados, tenga en cuenta que sólo debe haber un objetivo por sesión. Si quieres, puedes decidir un objetivo para la mañana y otro para la noche. Céntrate en esos objetivos y sigue trabajando en ellos hasta que sientas que puedes seguir sin ellos.

Planificación para trabajar en su objetivo

Asegúrese de haber leído el guión detenidamente antes de decidir el objetivo por el que va a empezar a trabajar. De este modo, te asegurarás de que todo se haga de acuerdo con tus necesidades.

Puede que una o dos soluciones no te funcionen. No hay problema; puedes anotarlas y eliminarlas. ¿Cómo? Lo descubrirás en el próximo capítulo. Por lo tanto, también es una excelente idea si quieres leer el próximo capítulo y luego volver para cambiar completamente los guiones a tus necesidades.

En busca de resultados

Es muy típico que la gente se pregunte cuándo y cómo empezarán a ver resultados después de empezar a usar sesiones rápidas de autohipnosis.

Aunque cada persona experimenta los beneficios de forma diferente y en momentos distintos, es cierto que la persona típica empieza a notar cambios significativos entre la tercera y la quinta sesión de autohipnosis inmediata.

Dependiendo de su receptividad a la sugestión, otra persona puede necesitar dos sesiones o quizá sólo una.

¿Qué cambios podemos esperar? Una vez más, depende de cada persona y de los objetivos que se haya marcado para las sesiones. Empezarás a notar cambios en tu visión de la vida, tu forma de pensar y mucho más. Por ejemplo, empezarás a pensar más en la vida de tus sueños y en cómo llegar a ella.

Se aconseja completar un mínimo de 7 sesiones para cada objetivo, incluso si usted es una de las personas que vieron mejoras después de la primera sesión de autohipnosis inmediata. Incluso los hipnoterapeutas afirman que son necesarios 21 días de tratamientos, una sesión al día, para una transformación duradera.

Por lo tanto, puedes elegir la cantidad en función de cómo te sientas. Pero asegúrate de completar al menos 7 sesiones para cada objetivo.

Pero ¿y si, después de todas las sesiones, no veo ningún progreso? En realidad, muy pocas personas que utilizan este enfoque de desarrollo personal no consiguen resultados. Ten en cuenta también que sólo hay lecciones que aprender; no hay fracasos. Piense en esto: ¿intentó Edison crear la bombilla fallando varias veces? ¿O simplemente tenía cientos de maneras de evitar producir una bombilla? Sólo ves lo que percibes.

Cómo autoinducirse mientras lee

(Leer en voz alta)

Disfruto de la sensación de recogimiento y calidez, y cuando hablo despacio y en voz baja, dejo que el sonido de mi propia voz relaje mi cuerpo y mi mente. Mi cuerpo siente que todo va despacio.

Siento absoluta serenidad y tranquilidad con cada palabra que leo y cada sonido que emito.

"A medida que mis pensamientos se aclaran, utilizo mi imaginación para relajarme aún más mientras leo. Me imagino descansando en una acogedora silla en una playa impresionante. Veo la hermosa arena dorada que me rodea y las olas rugientes a la orilla del mar. Me quedo con el maravilloso y relajante sonido del agua.

"La brisa me recorre todo el cuerpo y puedo sentirla. Cada vez que pasa la brisa, noto cómo alivia cualquier ansiedad o preocupación que pueda tener, y me siento más tranquilo. Cada vez, mi estado de calma es más profundo.

"Noto que mi cuerpo se relaja aún más... y más... y más cuando inhalo y exhalo lentamente".

"Siento cómo se relaja el cuero cabelludo, luego toda la cara, las caderas, la pelvis y las nalgas, y permito que cualquier tensión o ansiedad se aleje suave y tranquilamente con la brisa acariciadora", dice el ponente.

"Mis piernas se sienten tan cómodas, e incluso mis pies y dedos de los pies se sienten calientes y acogedores", dijo el orador.

Me imagino escalando una estructura alta, contemporánea y familiar mientras sigo leyendo. Accedo al magnífico vestíbulo tras atravesar la imponente puerta. Un guardia de seguridad está apostado en el interior de las instalaciones para mantenerme a salvo de intrusos.

"El guardia me echa un vistazo y sonríe de alegría al reconocerme como propietario del edificio. El guardia me hace un verdadero rasgo. Me giro para mirarle y le hago un gesto de agradecimiento por su excelente trabajo antes de dirigirme al ascensor.

En el espejo del ascensor me veo sorprendentemente bien. Me veo cómodo, confiado y contento con lo que soy. Una vez en el ascensor, uso el número diez hacia abajo.

"En cuanto se cierran las puertas del ascensor, empiezo a bajar. A medida que avanzamos, se ilumina el número correspondiente a cada planta.

"Uno... Mientras desciendo del ascensor, pienso en las estadísticas. Con cada nuevo número, me relajo aún más.

"Dos... Me relajo más profundamente".

Tres... Estaré profundamente hipnotizado cuando llegue a la décima historia.

Cuatro: "Estoy embelesado pero consciente de lo que me rodea, y estoy abierto a recomendaciones".

"Cinco... Estoy tranquilo e increíblemente a gusto".

"Seis", sigo viendo cambiar el contador al subir y bajar pisos.

"Siete" profundiza en este punto, y estoy tranquilo y realmente relajado.

"Ocho... Me siento seguro, tranquilo y completamente a gusto.

Nueve... Puedo entrar fácilmente en hipnosis manteniendo los ojos abiertos.

"Diez... Ahora puedo ver la luz del número 10 porque el ascensor por fin se ha parado. Me acaban de hipnotizar.

"Las puertas se abren y entro en una habitación decorada con gusto. En este lugar, me siento sereno y totalmente a gusto.

"Cojo un libro y caigo en trance. Me abro a las recomendaciones y empiezo a leer.

"En este punto, estás paralizado con los ojos abiertos. Ahora eres accesible. Mientras lees las recomendaciones para tu objetivo, te quedas hipnotizado. Tu mente está igualmente inmersa en todas las sugerencias como una esponja en el agua. Probablemente podrías leer "Despierta" mientras sigues con los ojos muy abiertos y en trance. Ahora mantén la compostura y la concentración mientras lees el guión de tu elección.

(Vaya al guión que mejor se adapte a sus objetivos)

¿Quién dijo que tenías estrés? Relajación profunda

Independientemente de la causa del estrés, las siguientes recomendaciones pretenden disminuir y/o eliminar cualquier síntoma general de ansiedad y tensión nerviosa.

"Ahora me quito toda la preocupación y el nerviosismo que pueda tener a lo largo del día".

Todos los días de mi vida experimento el mismo nivel de tranquilidad y relajación total que ahora. Libero toda constricción y tensión, y libero mi cuerpo y mi mente de toda ansiedad para siempre.

"Empiezo a darme cuenta de que mi cuerpo tiene demasiada tensión en los músculos. Tras darme cuenta de ello, me tomo un tiempo para respirar profundamente. Mi cuerpo empieza a relajarse al exhalar e inmediatamente empiezo a sentirme mejor. Al liberar toda la tensión, dejo ir los sentimientos y pensamientos de preocupación que pueda estar experimentando. Como es muy difícil sentir ansiedad o tensión cuando mi cuerpo está relajado, ésta es mi nueva realidad: Siempre estoy en calma.

"A partir de ahora, me siento tranquilo y centrado en mis tareas diarias. Tengo una disposición maravillosa a lo largo del día. Soy consciente de lo maravillosa que es la vida. Tanto con mi pareja como con otras personas, me siento increíblemente a gusto. Ahora que aprovecho mejor los recursos energéticos de mi cuerpo, éste está más sano. Los pensamientos que me provocan ansiedad desaparecen como gotas de agua en un día caluroso y soleado, por lo que me siento realmente esperanzada con todos mis planes.

Me tomo el tiempo que necesito para disfrutar de las personas, los lugares y las actividades de mi vida cotidiana.

"Me veo despertando a un nuevo día sintiéndome completamente a gusto. Me imagino estirándome y bostezando mientras experimento una profunda sensación de tranquilidad y esperanza en el futuro. Me siento renovado, reconozco lo maravilloso que es estar libre de ansiedad y espero con ilusión cada momento de mi maravilloso día.

"Tomo la decisión de estar completamente tranquilo y sin ansiedad de cara al futuro. Aprieto ligeramente los puños, respiro hondo y cuento lentamente hasta tres si empiezo a sentir nerviosismo. 1... 2... 3... Me siento increíblemente cómoda y tranquila. Esta es mi nueva realidad: Soy una persona relajada que no se preocupa porque aprecio constantemente la belleza de la vida y de mí misma.

El despertar

"Saldré de la hipnosis cuando oiga la cuenta de cinco. Estaré totalmente despierto y atento cuando llegue al número cinco.

"UNO... Empiezo a salir de la hipnosis. DOS... Empiezo a prestar atención a lo que me rodea. TRES... Espero que los resultados de esta sesión sean fructíferos. CUATRO... Me siento animado y revitalizado. Ahora estoy totalmente despierto, atento, me siento mejor y tengo mucha energía después de contar hasta cinco.

Cómo divertirse al máximo

Los consejos que aquí le ofrecemos sólo pretenden ayudarle a ser más asertivo en situaciones sociales. Con ellos, te sentirás relajado, te lo pasarás bien y serás capaz de iniciar y mantener conversaciones.

"Ahora disfruto de las situaciones sociales" "Ahora me lo paso muy bien en las reuniones y puedo participar fácilmente en conversaciones y fiestas. Me permito disfrutar de los entornos sociales. Durante las actividades con amigos, seres queridos e incluso desconocidos, dejo que la ansiedad y la tensión desaparezcan y disfruto más."

"En todos los aspectos sociales, cada vez soy más contundente".

"Me lo paso en grande con una confianza increíble, ya sea con amigos, compañeros de trabajo o desconocidos".

"Entablo breves charlas con la gente en entornos sociales sin ansiedad y con confianza, sintiéndome a gusto y en armonía con el entorno".

Se comportó como si realmente lo fuera. Siempre me mantengo fiel a mí mismo. Comparto mis ideas sobre el tema y lo hago con gusto. Dejo que mi discurso fluya fácil y orgánicamente".

"Llego a actos sociales con desconocidos y entablo conversación".

Los debates en grupo despiertan mi curiosidad y presto atención a lo que los demás tienen que decir. Entonces me reafirmo con mis propias opiniones, dándome cuenta de la importancia que todos encontrarán a las mías".

"Puedo ser un gran activo en entornos sociales. Para mí es muy importante estar presente en estos actos. Siempre me aprecian cuando participo. Soy consciente de que la gente me acepta por lo que soy. Siempre soy libre de ser quien soy. He decidido empezar a participar en conversaciones sobre las fiestas en adelante, y me gusta mucho".

"Me río cuando quiero reírme. Bailo si me apetece. Decido participar en entretenimientos y juegos.... Muestro genuinamente mi fantástico encanto y dejo que se deleiten con mi compañía".

"Me imagino disfrutando en una fiesta con amigos y completos desconocidos. Cuando alguien dice algo gracioso, me imagino riendo. Me hace pensar en un recuerdo gracioso, que luego comparto con los demás. Me gusta lo que hago".

"Me siento segura y cómoda en mi propia piel. Me oigo hablar y expresar mis conocimientos y pensamientos, y al ver que los que me rodean asienten, soy consciente de que tengo conocimientos y de que los demás piensan lo mismo de mí."

"Me gusta mezclarme en todo momento, ya sea en reuniones, en conversaciones informales o en fiestas".

"Puedo acercarme a un desconocido con facilidad, una sonrisa encantadora y una confianza increíble, presentarme y entablar conversación. Me siento liberado. Soy consciente de lo fácil que es soltarme y ser yo mismo en cada reunión a la que voy".

"Me lo paso tan bien que ahora estoy deseando ir al próximo evento... a la próxima función, reunión o encuentro social.

"Me siento obligada a intervenir en charlas y dar a conocer mis ideas. Cuando hablo, mi voz es segura y clara. Ahora reconozco que mis palabras tienen un enorme valor tanto para mí como para el oyente cuando un chico o una chica inicia una conversación conmigo."

"Me desahogo y disfruto de forma natural en situaciones sociales, igual que ahora cuando hablo con amigos, compañeros de trabajo e incluso completos desconocidos".

"Cuando hay juegos o bailes en los eventos, suelo saber enseguida si es algo que quiero hacer o disfrutar. Si lo es, participo y me doy permiso para pasármelo lo mejor posible. Me lo paso bien. Me relajo y disfruto. Ahora disfruto más.

Mi nueva realidad es ésta. Me lo paso mejor en las reuniones, fiestas y cualquier otro acto social al que decido asistir porque me siento relajada, contenta y segura de mí misma. "

El despertar

"Saldré de la hipnosis cuando oiga la cuenta de cinco. Estaré totalmente despierto y atento cuando llegue al número cinco.

"UNO... Empiezo a salir de la hipnosis. DOS... Empiezo a prestar atención a lo que me rodea. TRES... Espero que los resultados de esta sesión sean fructíferos. CUATRO... Me siento animado y revitalizado. Ahora estoy totalmente despierto, atento, me siento mejor y tengo mucha energía después de contar hasta cinco.

Liderazgo empresarial sin límites

Los siguientes consejos pretenden ayudar a las personas a ser más asertivas en el trabajo y en otros contextos profesionales. Permítase triunfar profesionalmente de esta manera.

"Tengo mucha confianza en mi profesión y mi carrera, y soy demasiado contundente".

"Hoy me esfuerzo por ser asertivo en todos los entornos empresariales. Quiero que se reconozcan mis esfuerzos y mis ideas originales. Elijo hablar claro y transmitir mis opiniones a directivos, empleados y socios comerciales.

"En este momento, aspiro al éxito profesional que siempre he deseado. Desempeño mis funciones con eficacia y confianza para idear soluciones cada vez más innovadoras a cualquier problema que pueda afectarme a mí, a mis socios o a mis compañeros de trabajo.

"Expreso mis ideas profesionales con confianza y determinación. Me comprometo a realizar mi trabajo lo mejor posible. Cuando me preguntan mis jefes o compañeros, respondo con confianza y serenidad. Doy a conocer mis habilidades a los demás y me siento entusiasmado y orgulloso del trabajo que hago."

"Me gusta asistir a las reuniones de trabajo y, cuando tengo algo que decir, aprovecho el momento. En el trabajo, me siento valiente y me doy crédito por mis conocimientos y habilidades.

"Puedo manejar cualquier situación en la organización con serenidad, eficacia e inteligencia".

"Mis compañeros me hacen sentir importante. Cada acción que hago tiene sentido. Soy importante. El éxito me permitirá solicitar ascensos cuando estén disponibles. Puedo tener más éxito porque soy capaz de ello".

"Espero tener éxito. A estas alturas de mi carrera profesional, merezco un logro. Confío plenamente en mis habilidades y capacidades".

"Me imagino sentado en una mesa de conferencias, profundamente confiado en mis habilidades y capacidades. En compañía de varios socios comerciales, me siento seguro de mí mismo. Tengo una fe inquebrantable en mi capacidad".

"Soy consciente y creo firmemente que el éxito de la empresa depende fundamentalmente de mi punto de vista. En consecuencia, me ofrezco a compartir mis conceptos empresariales y a aprovechar las oportunidades siempre que se presenten."

"Cuando una reunión llega a su fin, me imagino acercándome al empresario más poderoso presente y hablando con elocuencia y seguridad sobre mi trabajo y mis conceptos. Mis sugerencias son acogidas con gran entusiasmo y tengo la oportunidad de ponerlas en práctica."

"Tengo una fantástica sensación de logro cuando salgo de las salas de juntas, sabiendo que cuando creo en mí mismo, mejoro en mi trabajo y me acerco cada vez más al éxito que siempre he deseado y que ahora estoy más cerca de alcanzar".

"Como me enorgullezco de mi trabajo, me imagino haciendo lo que soy capaz de hacer. Siempre oigo que alguien aprecia mi trabajo de una manera nueva. Oigo que la gente está orgullosa de trabajar conmigo. Oigo que la gente me elogia".

"De ahora en adelante, ganaré en todas las disputas empresariales. Me siento cómodo y confiado cuando discuto mis ideas con empresarios. Comparto mis conocimientos profesionales con la gente cuando es esencial, y siempre que lo hago, mi voz es clara y segura.

"No quiero que se burlen de mí. Defenderé con serenidad y lógica mi conducta y mis opiniones cuando se me cuestione en el ejercicio de mi profesión o en el lugar de trabajo. Cada día soy más asertivo en mi profesión".

"Mis ideas me ayudan a mejorar mi rendimiento en el trabajo. Además, estas ideas me vienen rápida y fácilmente. Confío plenamente en toda mi formación académica y profesional."

Ahora empezaré a darme crédito por un trabajo bien hecho. Ahora que he alcanzado un mayor éxito, quiero y merezco más éxito. Soy eficaz en todas las empresas".

"Esta es mi nueva realidad, y confío bastante en mi capacidad para hacerme un nombre en la industria".

El despertar

"Saldré de la hipnosis cuando oiga la cuenta de cinco. Estaré totalmente despierto y atento cuando llegue al número cinco.

"UNO... Empiezo a salir de la hipnosis. DOS... Empiezo a prestar atención a lo que me rodea. TRES... Espero que los resultados de esta sesión sean fructíferos. CUATRO... Me siento animado y revitalizado. Ahora estoy totalmente despierto, atento, me siento mejor y tengo mucha energía después de contar hasta cinco.

Cómo tener un éxito inevitable

Este guión está pensado para ayudarle a superar su miedo al fracaso y motivarle para que adopte un papel activo en la consecución de sus objetivos. Para que pueda utilizar este guión y obtener los mejores resultados, debe tener ya un objetivo en mente. ¿Por qué te resistes? Con este guión de autohipnosis inmediata, el éxito comenzará inevitablemente.

"Voy a empezar a hacer todo lo que sugieres. "Tengo el corazón de un león. Quiero alcanzar todos mis objetivos, ya sean personales o profesionales. Tengo las alas de un águila. Soy sabio como un ángel. Soy un toro resuelto. Tengo la capacidad y la determinación para lograr cualquier cosa que me proponga, y no me rendiré sin importar quién o qué se interponga en mi camino. Estoy hecho para el éxito porque me muevo por él. Y soy consciente de que el éxito es posible. Soy capaz. El fracaso no es un concepto real. Sólo existen los resultados. Pero tengo que buscarlo. Las puertas no se me abrirán si no llamo a ellas. Así que paso a la acción y, si el resultado no es el que esperaba, lo evalúo, aprendo de él y vuelvo a intentarlo con mucha más información.

"Volveré a intentarlo si mi segundo intento da un resultado inesperado. Seguiré intentándolo una y otra vez con mucha más confianza porque he aprendido mucho de todos los resultados anteriores.

"Soy arquero y estoy a punto de convertirme en un tirador experto para acertar sistemáticamente todos los blancos que me propongo. Soy consciente de mis objetivos y sigo aprendiendo cosas nuevas a diario para que mis flechas sean precisas.

En realidad, no hay ningún problema y, de hecho, es una gran suerte que haya sucedido así si disparo mi flecha y fallo el blanco. Porque seguiré intentándolo y aprendiendo más,

"Entiendo firmemente lo que deseo. Lo perseguiré. Me atrevo a utilizar mi cuerpo, mi intelecto y mis emociones para trabajar por las cosas de la vida que realmente amo. Y ahora hago un llamamiento a todas las instituciones, fuerzas y aliados para ver cómo pueden ayudarme a alcanzar mis metas y objetivos.

"La vida y el universo están de mi lado. Tengo apoyo desde arriba, desde abajo, a mi izquierda y a mi derecha, delante y detrás de mí, dentro y fuera de mí.

"No hablo de mi objetivo. Incluso con mis amigos más íntimos y mi familia, no hablo de mi objetivo con ellos a menos que sea realmente importante porque pueden apoyarme para conseguirlo.

"Lo hago para canalizar mi fervor interior y mi atención incondicional para descubrir mi propia noción del éxito. No necesito las opiniones ni los consejos de todo el mundo. Solo a los que ya han alcanzado mi meta y que me apoyarán en ella.

Nada ocurre si yo no lo empiezo. Tendré éxito si lo persigo con toda la motivación y pasión que pueda reunir.

"Cada día me acerco un paso más a mi objetivo final. Después de esta sesión, pensaré en la siguiente medida que puedo tomar hoy para acercarme a mi objetivo.

"¿Qué es lo que más quiero? Lo que realmente quiero es _____ "

"¿Para cuándo quiero tener este objetivo? Cumpliré mi objetivo el día _____ del mes de _____ del año _____ "

"¿Cuál es el siguiente paso que puedo dar hoy para acercarme un poco más a mi objetivo? El paso que voy a dar hoy va a ser _____ ".

"Sólo comparto mis planes con quienes me ayudarán a conseguirlos. Prefiero guardar silencio sobre los demás.

"Voy a darme la oportunidad de imaginarme alcanzando mi objetivo. Permitiendo que todos los sentimientos de felicidad, seguridad, satisfacción y mucho más me consuman (Tómate un tiempo para imaginarte alcanzando tu objetivo).

El despertar

"Saldré de la hipnosis cuando oiga la cuenta de cinco. Estaré totalmente despierto y atento cuando llegue al número cinco.

"UNO... Empiezo a salir de la hipnosis. DOS... Empiezo a prestar atención a lo que me rodea. TRES... Espero que los resultados de esta sesión sean fructíferos. CUATRO... Me siento animado y revitalizado. Ahora estoy totalmente despierto, atento, me siento mejor y tengo mucha energía después de contar hasta cinco.

Eliminar el miedo a hablar en público

Las siguientes sugerencias están pensadas para eliminar el miedo a hablar en público ante cualquier auditorio.

"Cuando hablo con cualquier reunión de gente, me siento a gusto y confiado".

"Cada vez que me levanto para hablar, respiro profundamente. Todo el estrés, la preocupación y los pensamientos desfavorables que experimento antes de hablar ante un público desaparecen al exhalar lentamente."

En cuanto empiezo a hablar, me doy cuenta de lo bien y a gusto que me siento. Es casi como si hablara con mi más querido amigo de la infancia.

"Me tomo muy en serio mis compromisos como conferenciante. No importa quién o cuántas personas estén escuchando mi fantástica charla, podré hablar de mi tema con soltura y naturalidad porque soy un experto en él."

De hecho, probablemente tenga más conocimientos sobre el tema que cualquier otra persona de la sala. Por lo tanto, no tengo nada de qué preocuparme. En lugar de eso, experimentaré una intensa emoción y alegría por tener la oportunidad de hablar delante de todas esas personas."

"Voy a hablar a gente que es como yo. Ya no necesito ni quiero sentir ningún tipo de cohibición cuando hablo ante un público".

Cuando voy a hablar ante un público, cada vez me siento más a gusto y confiado. Me concentro en lo que digo sin sentirme nerviosa ni cohibida. Soy consciente de que la gente está deseando escuchar todos mis conocimientos e información".

"Cuando empiezo a hablar, entiendo que es irrelevante cuánta gente me mira y me presta atención. Estoy transmitiendo hechos en los que tengo mucha confianza. También puedo comunicar hechos a los demás de forma amistosa y relajada."

"Delante de una persona, me siento muy bien.... Ante un grupo pequeño, me siento bien.... Delante de mucha gente, me siento muy bien. No me importa, ya que me siento muy bien delante de todo el mundo".

No importa quién esté entre el público ni lo importantes que parezcan, siempre tendré presente que en realidad no son más que personas... que comen, duermen y van al baño... como todos los demás en esta vida.

"Me sentiré completamente a gusto conmigo mismo cuando hable delante de una multitud. Me emociono sólo de pensar en hablar delante de una multitud. Estoy deseando que llegue el día en que pueda hablar y decir todo lo que tengo que decir".

"Cada vez que me levanto para hablar, respiro profundamente. Todo el estrés, la preocupación y los pensamientos desfavorables que experimento antes de hablar ante un público desaparecen al exhalar lentamente."

Mi nueva realidad es ésta. Tengo un talento extraordinario para hablar en público. Todo el mundo quiere oír lo que tengo que decirles".

Mi nueva realidad es ésta. Tengo grandes habilidades para hablar en público".

El despertar

"Saldré de la hipnosis cuando oiga la cuenta de cinco. Estaré totalmente despierto y atento cuando llegue al número cinco.

"UNO... Empiezo a salir de la hipnosis. DOS... Empiezo a prestar atención a lo que me rodea. TRES... Espero que los resultados de esta sesión sean fructíferos. CUATRO... Me siento animado y revitalizado. Ahora estoy totalmente despierto, atento, me siento mejor y tengo mucha energía después de contar hasta cinco.

El fin del estrés dental

Las siguientes sugerencias están diseñadas para eliminar por completo el estrés dental. Ese rechinar de dientes que no cesa por la noche, o durante el día - ¡aquí se acaba!

"Ahora me abstengo absolutamente de rechinar los dientes tanto por la noche como durante el día", dijo la persona.

"Me doy cuenta de que cada vez que empiezo a rechinar los dientes...", dijo mientras su mandíbula y sus labios se relajaban de repente. Descubro otro método de alivio del estrés para dejar de apretar la mandíbula y rechinar los dientes.

"Dejo que cada parte de mi cuerpo se relaje por la noche mientras duermo, incluida la mandíbula y la boca".

"A lo largo del día, afronto cualquier escenario con calma y éxito, sin apretar los dientes bajo ninguna circunstancia. El estrés ya no es un factor en mi vida y es historia. He alcanzado un profundo estado de tranquilidad, que me hace dejar de rechinar los dientes por completo.

"Desde que dejé de rechinar los dientes, cada día noto que mis dientes están más fuertes y sanos. Desde que dejé de rechinar los dientes, me siento mejor y alivio el estrés con mayor eficacia.

También duermo más cómoda y profundamente y me despierto sintiéndome mucho más descansada.

"Mi dentista está encantado con el nuevo aspecto de mis dientes y comparte mi orgullo por haberlo conseguido. Ahora he evitado todos los problemas dentales que tenía por rechinar los dientes.

"Ahora que he conseguido dejar de rechinar los dientes, me siento muy segura de mí misma. Controlo mejor consciente y subconscientemente todos mis comportamientos.

"Me imagino pasando por un momento difícil en mi vida - ¡vaya! Estoy asombrado y satisfecho de cómo he llevado la circunstancia. Soy consciente de que estoy tensando mucho la mandíbula y dañando mis dientes. Sonrío y libero toda la tensión que estaba manteniendo con la boca en cuanto comprendo lo que estoy haciendo. Me doy cuenta de que me siento mucho mejor cuando aflojo la mandíbula, y estoy bastante satisfecho y encantado con mis progresos.

"Por la noche, cuando me preparo para acostarme, visualizo que cierro los ojos y siento que mi mandíbula y mi boca liberan la tensión y el estrés con una agradable sonrisa... mientras me acurruco para dormir profundamente. Mi mandíbula permanece relajada durante todo el día y la noche. Hoy me despierto mucho más descansado y mejor que antes.

"A partir de ahora, seré consciente de ello cada vez que rechine los dientes.... Cada vez que aplique presión y fuerza a mis dientes y mandíbula, seré consciente de ello. Cuando sea consciente de ello, me desprenderé rápidamente.

"Tengo una sensación de calma. Estoy desarrollando hábitos nuevos y más saludables cada día para mi mandíbula, mis dientes y para mí misma.

"Sé que no necesito usar los dientes para relajarme, como estoy haciendo ahora".

Mi nueva realidad es ésta. Acabo de empezar. Si no estoy estresado, soy una persona más tranquila. Soy una persona cuyo crujir de dientes se puede controlar. capaz de lograr cualquier cosa que me proponga".

El despertar

"Saldré de la hipnosis cuando oiga la cuenta de cinco. Estaré totalmente despierto y atento cuando llegue al número cinco.

"UNO... Empiezo a salir de la hipnosis. DOS... Empiezo a prestar atención a lo que me rodea. TRES... Espero que los resultados de esta sesión sean fructíferos. CUATRO... Me siento animado y revitalizado. Ahora estoy totalmente despierto, atento, me siento mejor y tengo mucha energía después de contar hasta cinco.

Concentración máxima

Los consejos que siguen pretenden mejorar su nivel general de concentración. ¿Es usted empleado? ¿Necesita tiempo para estudiar? ¿O simplemente le gustaría pasar más tiempo con su familia pero se encuentra pensando en otras cosas? Aquí tiene algunas ideas.

Estoy muy concentrado en todo lo que hago. "Ahora presto toda mi atención a una sola tarea. Dedico todo mi tiempo a esa única tarea..... Presto mucha atención a lo que hago. Los detalles son increíblemente fascinantes, así que permanezco concentrado en la tarea que tengo entre manos. Mi cabeza está completamente despejada y, a medida que pasa el tiempo, mi concentración es cada vez mayor.

Retengo mucha más información gracias a mi asombrosa atención y realizo cada tarea con una eficacia asombrosa. Presto una atención excelente a lo que estoy haciendo, concentrándome minuciosamente.

Elijo lo que voy a hacer, lo termino y luego paso a la siguiente tarea, a la que también dedicaré toda mi atención.

"No dejo que mis pensamientos se desvíen de la tarea que tengo entre manos. Estoy totalmente concentrado... sin ansiedad, estrés ni inquietud..... Puedo concentrarme fácilmente, ya que me resulta natural.

"Descubro que lo que ocupa mi concentración me interesa", escribe el autor. "Me alegra observar cómo voy superando cada tarea y actividad a medida que aumenta mi concentración".

"Puedo dedicar toda mi atención a cualquier actividad o tema con facilidad, rapidez y cuando yo quiera. Mi cuerpo y mi mente cooperan para permitirme concentrarme plenamente.

"Ahora mismo, me imagino acurrucada con un libro. Es un libro de texto que pretende enseñarme información muy significativa. Presto mucha atención a cada palabra del libro. Localizo la información crucial que necesito y, como mi capacidad de concentración y absorción es muy buena, la asimilo rápidamente.

"El libro me parece cada vez más atractivo a medida que lo leo. Los detalles del libro me parecen fascinantes y no me cuesta procesar la información. A medida que paso las páginas del libro, noto que puedo concentrarme plenamente en lo que estoy leyendo y que las distracciones a mi alrededor ya no me molestan. Mi cuerpo está en una postura estupenda para acompañar mi sensación de perfecta concentración. Puedo leer todo el tiempo que quiera manteniendo una concentración excelente.

"A partir de ahora, voy a prestar más atención a lo que esté haciendo. Atribuyo mi evidente capacidad de concentración al leer este guión a mi capacidad para concentrarme en cualquier tarea.

"Estoy completamente concentrado en lo que estoy haciendo en este momento, por lo tanto, cualquier otra cosa a la que decida prestar atención, la haré de la misma manera y con la misma capacidad de intensa concentración y atención que requiere. Tengo la capacidad de mantener mi atención hasta que termine la tarea o hasta que decida cambiar a otra actividad. Puedo concentrarme plenamente.

Mi nueva realidad es ésta. Soy capaz de concentrarme como un láser en cualquier actividad que elija. La he completado. "

El despertar

"Saldré de la hipnosis cuando oiga la cuenta de cinco. Estaré totalmente despierto y atento cuando llegue al número cinco.

"UNO... Empiezo a salir de la hipnosis. DOS... Empiezo a prestar atención a lo que me rodea. TRES... Espero que los resultados de esta sesión sean fructíferos. CUATRO... Me siento animado y revitalizado. Ahora estoy totalmente despierto, atento, me siento mejor y tengo mucha energía después de contar hasta cinco.

Reviva sus mejores sueños

¿Quieres empezar a cumplir tus sueños más satisfactorios? Este es el guión que necesita. Está diseñado para fomentar la retención de los sueños por la mañana.

"Cada mañana, cuando me despierto, recuerdo mis sueños".

"No tengo problemas para recordar mis ensoñaciones favoritas. Puedo recordar las imágenes, los sonidos y las sensaciones de mis sueños cuando me despierto. A pesar de la profundidad".

"Recuerdo mis fantasías sin esfuerzo y rápidamente. Recuerdo los acontecimientos exactamente como eran en mis sueños, con exquisito detalle".

"Aprecio la capacidad de mi mente subconsciente para generar sueños para mí. Actualmente utilizo la hipnosis para mejorar la conexión entre mi mente consciente y mi subconsciente. Usando la hipnosis, puedo decirle a mi subconsciente que me ayude a recordar todos mis sueños cuando me despierto."

Los sueños que son significativos para mí son grabados y recordados por mi mente.

"Me hace sentir bien poder describir los detalles de mis sueños. Si quiero, puedo recordar vívidamente mis sueños y escribir hasta el último detalle".

"Aprenderé sobre mi vida recordando mis sueños, lo prometo. Podré vivir mejor y trabajar mucho más gracias a esta información.

"En este momento, me veo despertando por la mañana tras una maravillosa noche de sueño muy profundo. No hablo mientras sigo en la cama, dejando que mis pensamientos se centren en todas las partes clave del sueño que acabo de tener."

"Me imagino recordando el sueño tan claramente.... Incluso cuando estoy despierto, me parece que lo estoy repitiendo. Los detalles son claros. Incluso cuando estoy despierto y lo recuerdo, me parece que todo está sucediendo de nuevo. Los acontecimientos siguen frescos en mi memoria, y los detalles son brillantes y claros".

Localizo un cuaderno o mi diario personal y empiezo a escribir todo el sueño.... Puedo ver claramente lo vívido que recuerdo mi sueño. Recuerdo cada detalle del sueño, cómo empezó, qué ocurrió y cómo terminó. Primero esto, luego aquello, y así sucesivamente, hasta que haya recordado y escrito todos los detalles del sueño".

"A partir de ahora, cuando me despierte, el recuerdo de los sueños de la noche anterior estará presente en mi cabeza. Puedo recordar absolutamente todo con mucha facilidad, claridad y rapidez".

"Cuando me despierto de forma natural a la mañana siguiente, me quedo un momento antes de salir de la cama. Durante este momento, descanso un instante y empiezo a recordar todo lo que dormí la noche anterior."

"Puedo recordar todos los sueños que he tenido con total claridad y detalle".

Mi nueva realidad es esta. Tengo la capacidad de recordar cada detalle de mis sueños. Soy una persona capaz de coger un diario y escribir con todo lujo de detalles lo que he vivido en un sueño sin ningún problema."

"Estoy contento con mi nueva realidad, que es ésta. Me imagino despertando y recordando cada detalle de mis sueños. Es asombroso. Tengo un gran recuerdo de los sueños. Me alegro de haberlo conseguido.... Lo he conseguido".

El despertar

"Saldré de la hipnosis cuando oiga la cuenta de cinco. Estaré totalmente despierto y atento cuando llegue al número cinco.

"UNO... Empiezo a salir de la hipnosis. DOS... Empiezo a prestar atención a lo que me rodea. TRES... Espero que los resultados de esta sesión sean fructíferos. CUATRO... Me siento animado y revitalizado. Ahora estoy totalmente despierto, atento, me siento mejor y tengo mucha energía después de contar hasta cinco.

Cómo eliminar los malos hábitos al instante

¿Tiene uno o varios hábitos que le desagradan? ¿Lo ha intentado todo para eliminar esos malos hábitos y aún así continúa con ellos? No se preocupe, este guión es para usted. Las sugerencias están diseñadas para romper un hábito de comportamiento no deseado y sustituirlo por sensaciones de relajación y bienestar.

Instrucciones para este guión: Debes elegir un hábito para trabajar en cada sesión. Cada vez que veas un espacio en blanco en el guión, debes decir el nombre del hábito.

"Ahora detengo el comportamiento de _____"

"Ahora gano el control de mi deseo de _____. Ahora dejo ir mi necesidad o deseo de _____ ... y elijo la libertad en su lugar. "

"Me perdono por mi comportamiento y me doy permiso y ánimo para dejar de _____".

"Mi comportamiento _____ es sólo un patrón de comportamiento. El hábito se basa en los pensamientos... y los pensamientos se pueden cambiar... los pensamientos se pueden cambiar".

"Este comportamiento _____ es un patrón que mi mente ha estado repitiendo. Con el poder de mi mente subconsciente a través de esta hipnosis instantánea, interrumpo y cambio ese patrón inmediatamente. "

"Ahora, estoy empezando a perder el deseo de _____ a nivel subconsciente. Estoy sustituyendo el deseo de aferrarme a ese comportamiento por el hábito de sentirme relajado, feliz y libre del hábito de _____ ahora mismo. "

"En este momento suelto la culpa y/o la vergüenza por mi comportamiento _____ porque la culpa y la vergüenza son una pérdida de tiempo".

"Ahora puedo ver que, día a día, soy capaz de ganar más control sobre mí mismo y mi comportamiento. Ya no convertiré _____ en un hábito. Me volveré hiperactivo cada vez que empiece _____. Cuando me vuelva hiperactivo, respiraré hondo y empezaré a relajarme por completo... entonces me daré cuenta de que tengo libertad absoluta y que simplemente puedo elegir otra cosa que no sea estar haciendo _____. "

"Siempre que decida no hacer _____, tendré una sensación de control y confianza. Prefiero esta sensación de autocontrol y relajación, antes que hacer _____ "

"Pierdo absolutamente el interés por _____. A medida que le doy menos importancia, descubro que _____ lo dejo cada vez más atrás, muy atrás en el pasado "

"Ahora es mucho más fácil dejar el hábito de _____. Ahora me doy cuenta de que tengo más control sobre mi mente y mi cuerpo del que nunca pensé."

"Soy feliz porque he instruido a mi mente subconsciente para que me ayude a dejar de _____, por lo tanto el éxito llega rápida y fácilmente".

"Un hábito se basa en un pensamiento. Todos los pensamientos pueden cambiarse. Hoy elijo cambiar mi pensamiento y soltar el apego emocional para hacer _____ "

"Soy una persona muy fuerte, atractiva y capaz de deshacerme de todos los malos hábitos que quiera. Puedo manejar cualquier problema en la vida sin necesidad de _____ "

"A decir verdad, hacer _____ nunca me ayudó en absoluto".

"Ahora libero mi mente y suelto todo lo que en mi vida tiene que ver con _____ y elijo sentirme segura, confiada y feliz de ser quien soy".

"Esta es mi nueva realidad. Soy una persona sin el hábito de _____ "

"Esta es mi nueva realidad y estoy feliz de haber dejado el hábito de _____".

"Esta es mi nueva realidad, y me doy cuenta de que soy capaz de abandonar el hábito de _____ y sentirme confiada, feliz y segura de quién soy".

El despertar

"Saldré de la hipnosis cuando oiga la cuenta de cinco. Estaré totalmente despierto y atento cuando llegue al número cinco.

"UNO... Empiezo a salir de la hipnosis. DOS... Empiezo a prestar atención a lo que me rodea. TRES... Espero que los resultados de esta sesión sean fructíferos. CUATRO... Me siento animado y revitalizado. Ahora estoy totalmente despierto, atento, me siento mejor y tengo mucha energía después de contar hasta cinco.

Tomar decisiones infalibles

¿Le falta confianza en su capacidad para tomar decisiones? ¿Le cuesta tomar decisiones en su vida personal y profesional? ¿Quiere empezar a tomar decisiones y que le tengan en cuenta? Ha dado con el guión adecuado. Los siguientes consejos pretenden ayudarle a tomar mejores decisiones a la hora de realizar cualquier actividad. Además de tener plena confianza en cada una de estas decisiones.

"Ahora soy más eficiente y tomo mejores decisiones".

"A estas alturas, se me da mejor tomar decisiones y actuar en consecuencia. Nunca me tomo el tiempo de cuestionar o aceptar mi capacidad de tomar decisiones acertadas.

"Tengo confianza para actuar con decisión en cualquier empeño o actividad que emprenda. Seré más productivo si organizo y priorizo mis tareas del día.

"Determino rápidamente lo que hay que hacer y en qué orden".

"Ya no cuestiono mis decisiones. Tengo plena confianza en mí mismo. Decidiré cada acción a tomar y la llevaré a cabo hasta haberlas terminado todas.

"Me siento a gusto con mis decisiones..... Le doy gracias y llevo a cabo mis decisiones con facilidad.

"Cuando surgen distracciones, me ocupo de ellas enseguida... y luego vuelvo a lo que había estado haciendo. Me doy permiso para elegir la mejor opción después de sopesar los pros y los contras de cada elección.

"Estoy bastante seguro de que mi decisión es la correcta, y es la mejor que puedo tomar en este momento dadas las circunstancias".

Gestiono con elegancia un número considerable de tareas, las ordeno y priorizo cuidadosamente con perfecta pericia y confianza. Decido qué tengo que hacer y en qué orden, y luego empiezo y termino cada una de mis tareas a lo largo del día.

"Mantengo mi atención en una tarea hasta que la he completado con éxito. Tomo la decisión de dejar de dudar de mi capacidad para tomar buenas decisiones. Para centrarme en lo que quiero hacer - centrarme en mis prioridades- ahora dejo pasar las distracciones y las aparto de mis pensamientos.

"Ahora mismo, me imagino ante un escritorio con un gran número de documentos y tareas delante de mí. Organizo los papeles con cuidado y eficacia y establezco prioridades entre lo que hay que hacer. Decido trabajar primero en la tarea más importante y dejar las demás para más tarde.

"Siento que suena el teléfono de mi mesa", contesto suavemente e informo a la persona que llama de que estoy ocupada y que me pondré en contacto con ella cuando haya terminado mi tarea. Mis pensamientos vuelven rápidamente a la tarea que tengo entre manos mientras cuelgo el teléfono, y me imagino trabajando con una concentración tremenda y una determinación increíble.

"Tras completar el primer reto, me siento muy orgulloso de mí mismo..... Incluso me doy un pequeño respiro. Vuelvo a coger el teléfono, pero sólo hablo un rato. Mi mente se renueva tras la pausa, y empiezo a trabajar con determinación en la siguiente tarea.

"Ahora tengo fe en mi capacidad para tomar decisiones.... Me estoy convirtiendo en una persona decidida. Elijo entre mis posibilidades y sigo adelante con mis planes".

"Cada vez soy más hábil en todas las tareas que emprendo. Cada día soy más eficiente organizando y priorizando tanto las pequeñas tareas como las más grandes."

Mi nueva realidad es ésta. Soy una persona totalmente nueva. Soy eficiente y confío en mí mismo a la hora de tomar cualquier decisión en mi vida personal y profesional."

Mi nueva realidad es ésta. Soy una persona feliz con lo que soy y cada día avanzo en mis decisiones."

El despertar

"Saldré de la hipnosis cuando oiga la cuenta de cinco. Estaré totalmente despierto y atento cuando llegue al número cinco.

"UNO... Empiezo a salir de la hipnosis. DOS... Empiezo a prestar atención a lo que me rodea. TRES... Espero que los resultados de esta sesión sean fructíferos. CUATRO... Me siento animado y revitalizado. Ahora estoy totalmente despierto, atento, me siento mejor y tengo mucha energía después de contar hasta cinco.

Volar con placer

¿Pertenece usted al grupo de personas a las que no les gusta volar? ¿Cree que puede ocurrir algo malo? Debido a tu fobia a volar, ¿has dejado de ir a eventos con tus seres queridos? Entonces deberías leer este guión. Los consejos que encontrarás a continuación están pensados para que volar sea menos estresante y angustioso.

"Cuando vuelo o cojo un avión, me siento a gusto y en paz".

Reservar un vuelo es fantástico. Me siento tranquila y en paz conmigo misma cuando miro los destinos, así que estoy deseando subirme al avión.

"Observo cómo subo al avión, me acomodo en mi asiento y empiezo a respirar profunda y naturalmente. Tomo la decisión de sentirme seguro y totalmente protegido cuando se cierran las puertas del avión.

Nunca olvidaré que, estadísticamente hablando, volar es más seguro que conducir un coche, y que yo estoy más seguro en un avión que en mi propio coche.

Siempre es más rápido y sencillo que otros medios de transporte, y puedo coger un avión que me lleve adonde necesito ir. Cuando decido volar, dejo a un lado las preocupaciones relacionadas con los preparativos del viaje, y tengo en cuenta que al hacerlo reduzco el tiempo de viaje. Así tendré más tiempo para disfrutar de mi futuro.

"Ahora que soy consciente de que siempre puedo tener control sobre mis pensamientos, me siento segura de mí misma..... Mis emociones están bajo mi control. Sin dudarlo, puedo reservar un vuelo.

"Siempre que vuelo, tomo la decisión consciente de desconectar y sentirme segura en mi propia piel".

"Me veo haciendo una reserva por teléfono con la compañía aérea. Hablo claro y con mucha confianza. Hacer reservas me hace sentir fantástica. Saber que la decisión más segura, inteligente y sensata que cualquiera puede tomar para un viaje de larga distancia es volar...".

"Pasa el tiempo y por fin llega el día del vuelo. En cuanto tengo mi billete, el locutor anuncia que ha comenzado el embarque para mi avión.

"Mientras me dirijo al avión, una azafata se acerca y me sonríe amablemente. Me giro rápidamente y veo que es una profesional que ha volado miles de veces sin problemas. Relajo el cuerpo y respiro hondo mientras me dirijo a mi asiento y siento el cómodo cojín debajo de mí. Cuando se cierran las puertas del avión, me doy cuenta de que debo mantener la calma por mi seguridad. Entonces, de repente, oigo la voz del capitán por el altavoz, le veo de uniforme y me doy cuenta de que es uno de los mejores pilotos de esta ruta por su formación profesional.

Mientras el avión despega, noto que me siento completamente seguro y profundamente tranquilo. Me doy cuenta de que todo irá bien.

"A partir de ahora, cada vez que tenga que subir a un avión, me sentiré más tranquilo. Siempre pido una copa cuando vuelo, y con cada sorbo, mi ansiedad disminuye...y.... y... Dejo que desaparezcan los miedos y me doy permiso para disfrutar plenamente del paisaje y del vuelo.

Mi nueva realidad es ésta. Tengo confianza en mí mismo. Alguien que no tiene fobia a volar. Me gusta volar. Disfruto explorando nuevos lugares cuando viajo. Me encanta el paisaje que veo en cada vuelo. Mi nueva realidad me llena de alegría. Lo he conseguido y ahora puedo volar sin miedo.

El despertar

"Saldré de la hipnosis cuando oiga la cuenta de cinco. Estaré totalmente despierto y atento cuando llegue al número cinco.

"UNO... Empiezo a salir de la hipnosis. DOS... Empiezo a prestar atención a lo que me rodea. TRES... Espero que los resultados de esta sesión sean fructíferos. CUATRO... Me siento animado y revitalizado. Ahora estoy totalmente despierto, atento, me siento mejor y tengo mucha energía después de contar hasta cinco.

¿Dejar de morderse las uñas? Es fácil si lo haces así

No importa cuánto tiempo haya tenido el desagradable hábito de morderse las uñas - semanas, meses, incluso años. Este guión está diseñado para romper el hábito de morderse las uñas en las puntas - ¿por qué esperar mucho más tiempo para romper el hábito?

"Ya no me muerdo las uñas".

Ahora he dejado de querer morderme las uñas. Tengo control sobre mi comportamiento y me abstengo de morderme las uñas. He dejado de morderme las uñas, por lo tanto puedo relajarme más cada día y en cada momento.

Simplemente dejo de morderme las uñas, ya que tengo un mayor control sobre mi cuerpo y mis comportamientos, y en su lugar elijo sentirme tranquila y relajada.

"Desde que dejé de morderme las uñas, éstas crecen más fuertes y sanas. Cuando me propongo no morderme las uñas, me siento mejor con mi capacidad para regular cada acción.

"Imagino que a medida que sea más consciente de mi comportamiento, dejaré de morderme las uñas..... Dejo rápidamente de morderme las uñas en cuanto tomo conciencia de ello. Decido estar tranquilo y sereno.

"Desde que dejé de morderme las uñas, éstas crecen más fuertes y sanas. Cuando me propongo no morderme las uñas, me siento mejor con mi capacidad para regular cada acción.

"Al ser más consciente de mis actividades, me anticipo para dejar de morderme las uñas. Me hago cargo de lo que ocurre a continuación cuando siento que mis manos se acercan a mi pintor.

Me encuentro dejando caer las manos a los lados en lugar de morderme las uñas. tranquilo y sin prisas. Como resultado, experimento una fantástica sensación de libertad y control. y morderme las uñas es mucho peor para mí que cómo me siento.

"Ahora, cada vez que mis manos se acercan a mi boca, soy muy consciente. Cada vez que me sorprendo haciéndolo, siento que el tiempo se ha detenido durante un segundo, y entonces puedo decidir fácilmente no morderme las uñas. Cuando me siento estresada, hago dos respiraciones profundas y las suelto lentamente. Como resultado, mi ansiedad disminuye y ya no quiero morderme las uñas. En su lugar, experimento paz y control sobre mi comportamiento.

Todo hábito es modificable. Toda acción puede detenerse. En pocas palabras, los hábitos son programas mentales ejecutados por el cerebro. Utilizo la hipnosis inmediata y el poder de mi mente consciente para decirle a mi cerebro que detenga su programa de morderse las uñas. En respuesta, le ordeno que cambie a un nuevo programa en el que tengo total autoridad sobre mí mismo.

Ahora respiro hondo y exhalo suavemente en los casos en que antes corría mordiéndome las uñas. Eso lanzará la nueva aplicación, haciendo que el usuario experimente un profundo control y paz.

"Esta es mi nueva realidad, y estoy muy agradecida y encantada por ello. Estoy asombrada de la persona en la que me he convertido. Una persona que, cada vez que le entran ganas de morderse las uñas, respira y mantiene un autocontrol total. Lo mejor es que, a medida que pasa el tiempo, dejo de querer morderme las uñas. En lugar de eso, me centro en la nueva persona en la que me he convertido y me olvido de mi anterior hábito de morderme las uñas. Mi nueva realidad es ésta. He terminado.

El despertar

"Saldré de la hipnosis cuando oiga la cuenta de cinco. Estaré totalmente despierto y atento cuando llegue al número cinco.

"UNO... Empiezo a salir de la hipnosis. DOS... Empiezo a prestar atención a lo que me rodea. TRES... Espero que los resultados de esta sesión sean fructíferos. CUATRO... Me siento animado y revitalizado. Ahora estoy totalmente despierto, atento, me siento mejor y tengo mucha energía después de contar hasta cinco.

Capítulo 10 - Hipnosis para la depresión

Cada vez que sintonizas las noticias de la noche o coges un ejemplar del periódico del día, los medios de comunicación te están hipnotizando para que te sientas deprimido.

Se oye hablar de "la recesión", de gente que pierde su trabajo, de asesinatos políticos y de las fechorías sexuales de los líderes mundiales.

Es probable que cualquier noticia "positiva" quede enterrada en la letra pequeña, relegada a las últimas páginas o simplemente ignorada.

En general, la gente es tan feliz como se deja ser. Abraham Lincoln.

Repetición incesante

De este modo, todos estamos hipnotizados a diario.

Le impresionará cualquier mensaje que se le transmita repetidamente, sobre todo si se le presenta en un entorno oficial o casi oficial.

Preste atención a la conversación en el tren o en la oficina, y oirá a la gente hablar de las noticias del día tal y como las cuentan los periodistas y presentadores.

Los trastornos afectivos, como la depresión y la ansiedad, son frecuentes.

Periodistas, locutores y políticos, me temo, tienen tendencia a demonizar a partes de la sociedad cuando sirve a sus propósitos. Esto puede hacerse con poco esfuerzo.

Vincular repetidamente un mensaje negativo con una determinada persona o grupo de la sociedad puede hipnotizar a la población.

No hay más que ver lo sencillo que resulta estigmatizar a los banqueros. En el Reino Unido, la prensa y los medios de comunicación contribuyeron a presionar al gobierno para que obligara al director general de un banco a renunciar a una cuantiosa prima que le correspondía legalmente por su persistente mal servicio al cliente.

Otro ejemplo es la retirada del título de caballero a un financiero. No había cometido ningún delito ni había sido culpable de ninguna conducta deshonrosa. Simplemente había tenido la desgracia de ser director de un banco en el momento de la crisis bancaria. Nunca se había visto nada igual.

El mensaje diario y la hipnosis de la depresión.

¿Debería sorprendernos que la gente se deprima después de ser sometida a tales cosas, dada la frecuencia con que nos las hacen tragar?

Esto se suma a cualquier otra obligación personal o familiar que pueda tener. ¿Cómo escapar de todo esto?

Hipnosis para el tratamiento del trastorno depresivo mayor

Al principio, protégete del mayor número posible de factores externos. Por supuesto, debes estar al día de la actualidad.

No pierdas el tiempo con el periódico cuando puedes estar leyendo los titulares ahora mismo en tu ordenador.

Si escanea las noticias de ese modo, podrá elegir sumergirse en cualquier artículo que realmente le interese, pero al mismo tiempo evitará todos los comentarios de periodistas con opiniones propias.

Entonces deja de escuchar todos los informativos de la televisión.

Cualquier programa que te haga sentir deprimido puedes saltártelo. No hay que enterrar la conciencia tras una montaña de lecturas que inducen a la culpa.

Reflexiones negativas y una abrumadora sensación de desesperación.

Si mañana te sientes deprimido al abrir los ojos por primera vez, es por lo que sea que estabas pensando.

Una idea desencadena una imagen en nuestra cabeza, que es el punto de partida de todo proceso.

Tal vez algo le ha estado dando la lata y jugando con su mente hasta el punto de manifestarse en sus sueños.

La hipnoterapia puede ser una herramienta eficaz para superar la depresión.

Tener un ancla de PNL a mano en ese momento es una forma fantástica de proporcionarse una medida de seguridad.

Se ha demostrado que la música es una herramienta eficaz en la lucha contra la depresión.

En El rey y yo, Ana es un personaje memorable. Silbaba una canción alegre para calmar sus nervios. Lo mismo ocurre con los episodios depresivos.

No hace falta que silbes una melodía alegre, pero puedes pensar en una, tararearla o incluso cantártela a ti mismo.

Hipnosis melódica y melancolía

Crear una lista de reproducción optimista en tu iPod es una forma estupenda de mejorar tu estado de ánimo. Considera asociar cada pieza musical que crees con una experiencia positiva de tu pasado.

Los buenos recuerdos provocados por la música dominarán la hipnosis negativa que ha estado causando tu depresión.

Pensamientos negativos y depresión hipnótica

Acabamos de hablar de cómo las imágenes cognitivas negativas pueden contribuir a la aparición de la depresión.

Lo que ocurre es que preferimos fijarnos en algún incidente negativo que haya ocurrido o en algo que tememos que pueda ocurrir.

Hay que tener en cuenta que ninguna de las dos cosas ha ocurrido todavía; una ya ha ocurrido y forma parte de los anales del tiempo, y la otra es simplemente una predicción para el futuro y puede que nunca ocurra.

Sin embargo, las imágenes mentales son tan tangibles como el mundo físico. Nuestra mente es incapaz de distinguir entre realidad y ficción.

Si puedes conjurar imágenes mentales, también puedes borrarlas. En otras palabras, son susceptibles a tu influencia. Puedes deshacerte de ellas y sustituirlas por otras buenas.

Considera la imagen mental perturbadora. Fíjate en su ubicación. Observa si se presenta en color o en monocromo.

¿Se trata de una imagen en movimiento o de una fotografía? ¿De qué tamaño es? ¿A qué distancia está? ¿Tiene bordes? ¿Estás dentro de la imagen o la contemplas desde fuera?

¿Hay algún ruido que lo acompañe? ¿Tiene alguna sensación relacionada?

Eliminar las imágenes que desencadenan la hipnosis de la tristeza

Reduce el tamaño de la imagen y colócala en un lugar apartado.

Piense en algo que le llene de inmensa alegría. Quizá sea una instantánea de un ser querido o una ocasión memorable.

Recuerde, ¿dónde está exactamente? Es probable que no sea donde la foto inquietante retrata que sea.

¿De qué tonalidad es, o sólo existe en blanco y negro? ¿Se trata de una imagen en movimiento o de una fotografía? ¿Qué tamaño tiene? ¿Cuál es su posición con respecto a nosotros? ¿Hay un marco alrededor?

¿Qué eres tú: un participante en la escena o un observador que mira hacia dentro? ¿Hay algún ruido que lo acompañe? ¿Hay alguna emoción relacionada con ello?

Sólo con hacer este ejercicio mejorará su capacidad para identificar imágenes de alta y baja calidad. Disminuyendo su tamaño y eliminando todo su color, la imagen triste podría disminuir.

Mientras lo haces, empújalo hacia la distancia, gíralo y gíralo hasta que desaparezca por el horizonte en una nube de polvo.

Pueden ser necesarias varias repeticiones antes de notar alguna mejoría.

Depresión pintoresca y los mejores golpes de hipnosis

Restaura tu reputación estelar, entonces. Intensifica el color. No atenúen las luces, por favor. Duplique su tamaño. Luego duplíquelo por dos, y luego por cuatro, y así sucesivamente, hasta que ocupe toda la habitación. Sumérgete en las emociones positivas que conlleva.

Capta todos los ruidos agradables relacionados con ella. Intenta concentrarte en la imagen. Intenta recordar lo bien que te sientes ahora que ya ha pasado.

Si te sientes deprimido, prueba este otro enfoque de la PNL.

Capítulo 1 1 - 29 Patrones de hipnosis conversacional

En este capítulo, le mostraré más de 30 patrones hipnóticos notables que le permitirán afectar a los demás de forma sutil pero eficaz.

Los patrones de hipnosis conversacional son esenciales para comprender desde las complejidades más simples hasta las más importantes. También son un gran recurso para utilizar en la práctica; si captas estos patrones, podrás utilizarlos de forma natural, lo que te permitirá crear un plan persuasivo mucho más eficaz.

¿Por qué deberías aprender estos ritmos hipnóticos, te preguntarás? Además de las razones que he mencionado anteriormente, estos patrones se crearon para permitir una comunicación mucho más fluida y la capacidad de convencer a los demás dado el contexto y tus objetivos.

Hay patrones hipnóticos que pueden utilizarse para convencer a los clientes, pero algunos también pueden emplearse para influir en las personas para que mejoren su convivencia. También hay patrones que pueden ayudar a los demás a adoptar una actitud más alegre. Influir en los demás tiene varias ventajas, no sólo para las personas que utilizan la hipnosis conversacional, sino también para las que cambian el punto de vista o la opinión de alguien y hacen así una contribución útil.

¿Cómo utiliza el lenguaje para alcanzar sus objetivos?

¿Quieres inspirar a la gente con tus ideas y logros? Puedes conseguir todo esto y mucho más con la formación adecuada.

A lo largo de este libro he esbozado aspectos cruciales de cómo influir en la gente, que incluyen reconocer las realidades de los demás y convertirlas discretamente en las nuestras. Cuando somos influyentes, nos ganamos la confianza de la gente, lo que aumenta nuestra capacidad de persuasión.

Para conseguirlo, es muy aconsejable halagar a la gente y tratarla con pasión y respeto. Nunca debemos obligar a los demás a estar de acuerdo con nuestros puntos de vista, pero podemos hacer que capten nuestra realidad, que es de lo que trata la hipnosis conversacional. Podemos descubrir y erradicar cualquier distorsión o generalización en los demás cuando empleamos los recursos pertinentes.

Sin embargo, utilizar tus palabras para conseguir lo que quieres no siempre es fácil, sobre todo si tus oyentes tienen una mente consciente y están dispuestos a ceder a sus ideas limitadoras. ¿Cómo superarás estos retos? Es esencial que comprendas y domines los ritmos hipnóticos óptimos para ello.

Estos patrones hipnóticos pueden utilizarse en tus frases para obtener un mejor resultado hipnótico, ya que están diseñados para comunicarse directamente con la mente inconsciente, lo que facilita que la gente te escuche y se identifique con tu mensaje. Esto rompe las barreras de resistencia y la gente adopta tus ideas.

La lectura de la mente es un patrón lingüístico hipnótico.

Lo primero que hay que entender es que la lectura hipnótica de la mente no implica habilidades psíquicas, sino que implica hacer conjeturas sobre cómo se siente o piensa la gente. Todo esto es para ayudarle a dirigir la conversación de una manera que le ayudará a influir en los demás.

Quienes utilizan el patrón hipnótico de lectura de la mente deben actuar como si supieran exactamente lo que a los demás les pasa por la cabeza. El oyente se sentirá más conectado con su mensaje y se resistirá menos a comprender y adoptar sus pensamientos u ofertas si lo hace de esta manera. Al utilizar esta pauta, es vital no ser demasiado particular; en su lugar, compórtese con normalidad y proporcione pensamientos amplios sin ser demasiado específico.

Cuando charles con alguien, ten presente la situación actual y presta mucha atención a sus comentarios si te ofrece detalles sobre sus experiencias pasadas. En esta secuencia hipnótica, usted da una sugerencia sobre lo que puede estar pensando su oyente, esforzándose por que la comparación sea lo más exacta posible. Sin embargo, la forma en que te comunicas también es crucial; es ahí donde debes dar recomendaciones.

"Entiendo que a veces tengas curiosidad...", por ejemplo. Es muy apropiado, ya que indica que tienes ganas de aprender cosas nuevas".

Combinando el ritmo hipnótico de la lectura de la mente con elogios, puedes hacer que tu audiencia se sienta intrigada y quizá se identifique con lo que estás diciendo. En este patrón, comentarios como "lo entiendo" y "podrías considerarlo" son bastante aplicables.

Te daré algunas frases más relevantes para usar con este patrón hipnótico:

- Sé que tienes curiosidad.

- Lo más probable es que pienses que funcionará.

- Quizá tenga curiosidad por saber cómo funciona.

- Soy consciente de que el tema le interesa cada vez más.

- Comprendo su punto de vista.

- Es algo que la gente pregunta a menudo.

Puede que al principio le resulte difícil practicar algunos patrones de lenguaje hipnótico, pero con la práctica podrá conseguir mayores resultados.

Te recomiendo que utilices algunos de los patrones que he compartido como ejemplo en tus próximas conversaciones, analices los resultados que te proporcionan y los gestiones de un modo con el que te sientas cómodo.

Recuerda que la hipnosis conversacional requiere un alto nivel de control emocional. Puesto que hay tantos patrones hipnóticos entre los que elegir, puede que te sientas más cómodo empleando unos pocos seleccionados.

Equivalencia compleja - Patrón de discurso hipnótico

Se trata de un patrón de lenguaje hipnótico muy útil que le permitirá influir fácilmente en los demás. Consiste en establecer un vínculo entre dos creencias, partiendo de una creencia base que el oyente ha aceptado previamente y vinculándola a una segunda creencia que puede ser aceptada como verdadera.

Es como tender un puente entre dos pensamientos o percepciones, lo que permite una transición suave y evita la resistencia. Te resultará útil si quieres persuadir a otra persona para que tenga pensamientos o ideas más positivos sobre un tema concreto. Para ello, debes utilizar dos frases poderosas: "Eso significa" y "Lo que significa que".

No sólo serás capaz de tener un mayor impacto en los demás, sino que también serás capaz de mantener la atención de tus oyentes de principio a fin si aplicas este ritmo hipnótico. Como resultado, te sentirás más a gusto e incluso confiado en tu actuación de hipnosis conversacional.

Las personas se sentirán preparadas e interesadas en realizar cambios positivos como resultado del uso de este patrón hipnótico, y pueden recibir recomendaciones o nuevas ideas. Experimentarán la activación de la mente inconsciente y permitirán que su "yo" interior se haga cargo de la circunstancia. También ayuda a otros a tomar medidas o a encontrar respuestas, aunque esto se hace de forma subconsciente. Sin embargo, llega un momento en que lo hacen intencionadamente y reconocen que están actuando. Cuando se utiliza este patrón, es fundamental crear una discusión sutil para suavizarlo y crear una atmósfera más cómoda.

Causa y efecto del patrón de discurso hipnótico.

Este patrón hipnótico da lugar a una correlación directa entre un componente y otro. Para aplicarlo se pueden utilizar frases como "porque", "si", "entonces" y "como". Se trata de palabras condicionales, que implican que tienen un efecto sobre otras partes.

He aquí un ejemplo para que te resulte más fácil interiorizarlo: "Como estás prestando atención, aprenderás más sobre el tema y te sentirás más cómodo poniéndolo en práctica". ¿Notas cómo una acción da paso a otra en la frase? Ese es el objetivo.

Este patrón de lenguaje hipnótico se puede utilizar para crear un guión de ventas asertivo, pero también se puede utilizar para influir en los demás proporcionándoles consejos o para diversos objetivos profesionales o de carrera. Como ilustración de cómo podría utilizarse este ritmo hipnótico, considere las siguientes afirmaciones:

- Estas actividades de meditación para aliviar el estrés pueden ayudarte a relajarte.

- Escucharme te facilitará la comprensión del tema.

- La respiración lenta le ayudará a enfrentarse a situaciones desconocidas.

- Estos datos pueden ayudarle a calcular cuánto dinero ganará si utiliza el plan.

- Como eres muy talentoso, entenderás mi concepto de negocio mucho más rápido.

- Se sentirá más motivado en cuanto pruebe este producto.

- Aprendiendo sobre este tema, podrá mejorar su coeficiente intelectual.

Recuerda utilizar estos ejemplos para ayudarte a crear tus propias frases basadas en los fundamentos del patrón.

Patrón hipnótico de presupuestos

Como sugiere el nombre de este patrón hipnótico, debe añadir un diálogo que le permita hacer una presuposición en su charla. Una presuposición, a su vez, deriva su significado de la connotación gramatical de una frase o incluso de una sola palabra.

Este patrón hipnótico es esencial para eliminar las generalizaciones que pueden entorpecer tu capacidad de influir en la gente. Pero, sobre todo, para despertar en los demás una propuesta que no podrán desechar cuando sepan que es gramaticalmente correcta.

Imagine que está hablando con un cliente potencial y le pregunta: "¿Cuándo se dio cuenta de que este producto sería valioso para su empresa?". Es sencillamente correcto desde el punto de vista gramatical, y es muy probable que el consumidor reaccione a esta pregunta, por lo que tiene un sentido lógico para usted.

Aunque el consumidor mencione algunas de las ventajas del producto, si lo piensa detenidamente, es posible que no esté del todo convencido para realizar la compra. Sin embargo, usted dejará una oportunidad para la persuasión porque ya ha respondido a la pregunta, lo que le hará sentirse más interesado por la mercancía de una manera específica.

Otro ejemplo en ventas sería preguntar: "Sr. Romero, ¿le gustaría saber más sobre nuestro producto A o nuestro producto B?". No está ofreciendo al comprador la opción de no recibir más información sobre un producto y, lingüísticamente, así lo sentirá. Lo que le ayudará a persuadir al oyente para que elija uno de los dos artículos, dando lugar a una oportunidad persuasiva que, si se maneja bien, puede resultar en una venta exitosa.

Patrón Hipnótico de Supresión Comparativa

Este patrón hipnótico es excelente para utilizar cuando se desea expresar a las personas que recibirán algo a cambio de realizar ciertas actividades, que pueden o no incluir un cambio o simplemente la compra de un servicio o producto (en caso de que se aplique a ventas).

Este patrón lingüístico hipnótico pretende provocar reacciones emocionales generales. Puede mostrar al oyente que hacer algo le hará más feliz o que hacer algo le beneficiará directamente. Sin embargo, este producto para sentirse bien ayuda a despertar la mente inconsciente y favorece la relajación.

Ahora bien, el aspecto "comparativo" de este patrón hipnótico es el uso de términos como "mejor", ya que cuando utilizamos esta frase, automáticamente estamos indicando que se ha comparado con otra cosa y se ha demostrado que es la alternativa superior.

Como resultado, términos como "mejor, peor, mejorado, inferior, inferior, superior, calidad, más avanzado, inferior o precio" deben incluirse en su guión de lenguaje hipnótico mientras utiliza este patrón. Cuando comparamos dos cosas e indicamos cuál es mejor, minimizamos el objeto de la comparación. Voy a mostrarte algunas frases fuertes relacionadas con este tema.

- Las mejoras positivas se aprenden más fácilmente.

- Podrá mejorar sus métodos de venta para conseguir más consumidores.

- Podrás hacer más con esta estrategia.

- Como esta técnica es más compleja, te ayudará a aprender mucho más rápido.

- Nuestro nuevo producto es de mayor calidad y tiene un coste menor.

- Puedo ofrecerle nuestro servicio mejorado.

Cuantificador universal: Patrón hipnótico

Este patrón de lenguaje hipnótico es sencillo de aplicar y puede utilizarse en una gran variedad de situaciones. Será apropiado tanto para la persuasión de ventas como para hacer una recomendación más personal a otra persona. Implica el uso de frases particulares que implican universalidad o hacen que el alcance de estos términos sea ilimitado.

Cuando este patrón hipnótico se mantiene con eficacia, puede influir en las emociones de los demás, lo que hace mucho más fácil ofrecerles una idea o persuadirles para que realicen una acción determinada.

Puede utilizar las siguientes frases clave para poner en práctica este patrón de hipnosis: "Todos", "Siempre", "Ninguno", "En todas partes", "Nunca", "En ninguna parte" y "En todas partes".

Supongamos que estás hablando con un amigo íntimo que está deprimido porque últimamente no se siente motivado en el trabajo. Digamos que tu amigo está seguro de que su situación no tiene remedio, pero tú has decidido utilizar la hipnosis conversacional para ayudarle a mejorar. "Todos nos hemos sentido como tú alguna vez", le dices, "pero eso no significa que sea real".

Ganará su atención al señalar que todo el mundo se ha sentido así, ya que creerá que su problema es universal. Además, le darás la impresión de que no está solo, abordando así un importante componente emocional. Hay palabras más poderosas que pueden hacerle sentir mejor e influir en alguien. Por ejemplo: - En todas partes hay muchas posibilidades increíbles para gente decente como tú; - Tu voz interior siempre sabrá cómo ayudarte; - Nunca tendrás que volver a preocuparte.

Índice de referencia perdido en el patrón hipnótico

Este patrón hipnótico consiste en dejar que el oyente descubra un componente genérico que da realidad al texto eliminando un juicio de valor. Esto puede lograrse trayendo a colación otras experiencias, como mencionar que alguien intentó algo o escuchó sobre otra persona que intentó algo. Esto permite al oyente reconocer que se trata de algo positivo basado en la experiencia de otra persona.

¿Ha visto alguna vez un anuncio en el que se afirma que un determinado número de personas ha probado un producto? Utilizan frases como "La calidad de esta pasta de dientes ha sido aprobada por más de 100 dentistas". No nos importa si la investigación se realizó con ese número de individuos, pero instintivamente consideramos que el producto es bueno porque incorpora la opinión de otras personas. ¿Se da cuenta de lo significativo que es esto?

Este ritmo hipnótico es útil para captar la atención de la gente y quizá animarla a pensar en algo. "Este producto ha influido en la vida de innumerables niños de Nueva York", se dice. ¿Qué piensan?

Tal vez por la expresión, te interese saber más sobre el producto o sobre cómo ha afectado a los alumnos. Puedes utilizar frases generales en lugar de cifras si no quieres utilizar una cifra precisa, y es mucho más aceptable si las cifras no tienen ningún dato que las respalde.

Puede utilizar frases como "muchas personas". De este modo, puede producir una impresión adecuada sin especificar el número de personas presentes.

Dales exactamente lo que quieres en una secuencia hipnótica.

Este útil método es perfecto para convencer a los demás de forma sutil pero eficaz. Consiste en construir una frase con dos premisas.

La premisa inicial sirve de presupuesto, lo que permite a los demás aceptarla como realidad sin tener que analizar su contexto.

Mientras que la segunda premisa sirve para desviar la atención, estos dos aspectos trabajan juntos para crear un argumento poderoso que mantiene la atención del oyente. Pondré un ejemplo para entender mejor este patrón hipnótico.

"¿Conoces alguna otra estrategia que te dé tan buenos resultados en tan poco tiempo?". Le pido que reflexione sobre la siguiente frase. Dado que es el primer componente que compone la pregunta, lo más probable es que intente recordar si conoce otro enfoque.

Como centrará más su atención en el primer elemento de la pregunta, no se distraerá del hecho de que la técnica que está obteniendo produce buenos resultados en poco tiempo. Como resultado, cumple el objetivo de desviar la atención.

Utilice frases como "automáticamente", "definitivamente" e "indestructible" para que esta técnica de hipnosis conversacional sea más fácil de aplicar. La suposición obtendrá una connotación más genuina como resultado de estas frases, sin necesidad de ser cuestionada. Es esencial que pongas en práctica esta pauta para mejorar tu dominio, lo que, a su vez, te ayudará a obtener un mejor resultado.

Cómo motivar a la gente a hacer cualquier cosa utilizando la hipnosis

A lo largo de este libro he descrito lo que implica nuestra mente consciente, que incluye nuestro sentido de la lógica y nos hace cuestionar la información que obtenemos. También he hablado de las cualidades de nuestra mente inconsciente y de su importancia en la hipnosis conversacional. Debes saber que nuestros valores se almacenan en el inconsciente y tienen una enorme influencia en nuestros comportamientos e ideas. ¿Cuál es la importancia de esto? Porque este patrón implica determinar los valores de otras personas y utilizarlos para afectarlas.

Puede que te preguntes cómo sabrás cuáles son los valores de la otra persona. Puedes averiguarlo haciendo una secuencia de preguntas que te proporcionarán el conocimiento que deseas sin que la otra persona sospeche de la hipnosis conversacional.

Durante la conversación puede plantear todas o algunas de estas preguntas: - ¿Qué es lo más importante para usted?

- ¿Qué le ofrecería tranquilidad en el futuro y por qué es importante?

Con estas preguntas conocerás los valores de esta persona y la dirección de su intencionalidad. Debes prestar atención mientras escuchas la respuesta para poder desarrollar una nueva indagación. Piensa en alguien que dice que quiere asistir a un curso de inglés para aumentar sus perspectivas laborales. Podrías preguntarle: "¿Qué es esencial para que aprendas inglés y consigas nuevas oportunidades laborales?". Una nueva indagación puede proporcionar detalles emocionales que pueden utilizarse en la hipnosis conversacional.

Patrón hipnótico Verdadero / Solía ser Verdadero

Este patrón hipnótico es más completo, y recomiendo prestarle mucha atención porque contiene muchos aspectos cruciales. Esencialmente, debemos controlar las submodalidades y, para ello, debemos tener en cuenta cómo retiene nuestra mente la información que obtenemos a lo largo de nuestra vida.

Así es como podemos tener dos clasificaciones de lo que creemos que es verdad ahora y lo que creemos que es verdad en el pasado. Para que lo entiendas mejor, te daré algunos ejemplos. ¿Recuerdas los días de escuela de tu infancia? Entonces fue verdad una vez, tal y como sucedió, pero actualmente te encuentras en un periodo diferente de tu vida.

Ahora mismo, estás leyendo este libro, ¿verdad? Entonces estás ansioso por aprender más sobre la hipnosis conversacional. Como resultado, podemos etiquetar esto como un hecho.

Quiero que reflexiones sobre lo que solía ser verdad, en particular tu primera experiencia escolar. ¿Qué recuerdas de ello? Como ya no forma parte de tu contexto actual, puede que tenga menos valor y profundidad.

Sin embargo, imaginarse leyendo este libro o aprendiendo sobre hipnosis conversacional puede provocar una serie de emociones y proporcionar una gran cantidad de información. El propósito de este patrón hipnótico es hacer que lo que antes era verdad resulte tan convincente como lo que es. Usted será capaz de tener un mayor efecto con sus ideas e influir en las personas en un enfoque más práctico de esta manera. Especialmente porque usted será capaz de inculcar una fuerte creencia.

Por qué

Recuerda que lo importante no es lo que decimos, sino cómo lo decimos. No debes perder esto de vista, ya que es fundamental en la práctica de la hipnosis conversacional. Este patrón hipnótico representa precisamente cómo podríamos mejorar la composición de nuestra comunicación para crear rapport.

¿Sabes lo importante que es para nosotros dar sentido a la información que recibimos? Incluso unas pocas palabras contundentes pueden tener un efecto mayor cuando explicamos por qué son contundentes.

Supongamos que un vendedor se acerca a usted para ofrecerle un software que le ayudará a gestionar sus tareas diarias, tanto profesionales como personales, y el producto despierta su interés.

Supongamos que el vendedor le promete con gran certeza: "Este programa tiene éxito". Puede que esto no signifique nada para usted porque lo dice alguien que quiere venderle algo, pero despertará su mente consciente y le hará hacer una evaluación de valor.

Sin embargo, si el vendedor dice algo parecido a lo siguiente: "Esta aplicación es eficaz porque es fácil de usar y le permite acceder a todo su trabajo desde cualquier dispositivo", el escenario puede ser diferente. Esto sin duda atraerá su interés porque la aplicación le proporciona algo: comodidad, eficiencia de tiempo y accesibilidad.

También pueden utilizarse otras frases que tengan un impacto similar a "porque". Por ejemplo, "cause", "so" y "for this reason".

Aunque este patrón de hipnosis conversacional es bastante efectivo y puede ayudarte a mantener la atención de la gente, es posible que te hagan algunas preguntas, así que asegúrate de que entiendes el tema del que estás hablando.

Patrón de Hipnosis: Viajar en el tiempo

El verbo, como todos sabemos, es el elemento que expresa una acción en una frase, y en él influye el tiempo. Puede ser algo que ocurrió en el pasado, algo que ocurrirá en el futuro o algo que ya está ocurriendo. Este patrón hipnótico consiste en manipular los tiempos verbales para influir en el estado de ánimo de los demás.

Es fundamental estudiar lo que la gente dice en la hipnosis conversacional, especialmente en lo que se refiere al tiempo verbal, porque esto revela mucho sobre el significado de esa información en su contexto actual. Cuando alguien te habla de algo que está sucediendo ahora, tiene una resonancia emocional mucho mayor que cuando te habla de algo que ya ha sucedido. La ventaja fundamental de esta técnica de hipnosis conversacional es su versatilidad. Porque puedes evaluar las emociones presentes en la información de fondo generada por los demás y ajustar este patrón en función de tus necesidades. Por ejemplo, te ayudará a superar las emociones malas y a mantener las agradables.

Imagina que eres el supervisor de una importante empresa con 20 trabajadores. Tiene una gran responsabilidad, y si alguna persona no está produciendo lo suficiente, debe investigar y ayudarle a mejorar. Supongamos que ha mencionado a un empleado que no lo ha estado haciendo bien y que dice sentirse preocupado cuando "trata" con un cliente difícil.

Como se trata de una situación actual, puedes añadir: "¿Así que te preocupaste al tratar con un cliente difícil?" para mitigar el mal impacto. (Lo estás devolviendo al pasado). A continuación, deberías actualizarlo con algo como: "¿Y cómo te sientes sobre el tema cuando te sientes seguro?". Esencialmente, deberías hacer que el individuo invoque una condición, luego pedirle que la explique y después transportarlo al futuro.

Patrón hipnótico de órdenes incrustadas

Existen directrices que, al ser pronunciadas, despiertan el interés del inconsciente, al igual que existen patrones hipnóticos esenciales. Es esencial que domines este ritmo hipnótico, ya que lo pone todo en práctica.

Utilizar directivas ocultas en frases adaptadas intencionadamente para atraer la atención del oyente es el concepto básico. La pronunciación es crucial en esta circunstancia para enfatizar estas órdenes.

Te mostraré un ejemplo en el que resaltaré las instrucciones ocultas que hay que enfatizar con el tono de voz, y luego te guiaré para que diseñes paso a paso tu propio patrón hipnótico de órdenes incrustadas.

Considera la siguiente afirmación: "A veces, cuando aprendes algo nuevo, te das cuenta de que tener esa hambre de aprender tiene muchos beneficios. Ahora, como el agua fresca, puedes dejar que todo el conocimiento se vierta en tu ser".

¿Cuál es el contenido de este anuncio? Tenemos algunas conexiones que pueden provocar una respuesta emocional; por ejemplo, identificamos el agua fría con algo agradable.

Para poner en práctica este patrón hipnótico, primero debes especificar las instrucciones que vas a utilizar, lo que se consigue definiendo las acciones fundamentales a realizar. También tendrás que determinar las emociones relacionadas con el objetivo que quieres conseguir.

A continuación, tendrá que proyectar conciencia, lo que puede hacer diciendo "tomar conciencia de". A continuación, tendrá que encontrar un tema en el que disfrazar la pauta y reproducirla con un tono de voz adecuado. Por último, deberá intentar practicar esta pauta sobre el papel.

Patrón hipnótico de anclajes visuales a las palabras

Para utilizar este patrón de hipnosis, deberá crear una determinada condición al conversar con alguien. La sensación producida deberá entonces recibir un ancla visual para hacerla más relevante.

¿Recuerdas lo importantes que son los gestos en la hipnosis conversacional? Es especialmente crucial en esta pauta, ya que podrás utilizarla para establecer un desencadenante o ancla que potencie la sensación. Puedes utilizar los dedos para resaltar cualquier cosa o hacer otro movimiento.

A la hora de poner en práctica este patrón hipnótico, es fundamental estar atento y ser ágil, ya que tendrás que averiguar cuál es el mejor momento para activar esa sensación previamente incorporada. Seguramente te estarás preguntando: "¿Cómo puedo realizar este patrón?". Hay varios pasos a seguir.

Para que el anclaje sea realmente eficaz, primero hay que provocar un estado emocional. A continuación, debe aumentar la intensidad de este estado. Por último, debe anclarse cuando le parezca necesario.

No pase por alto la importancia de tener un desencadenante o ancla visual. Si estás comercializando un producto, puedes tocarlo enseguida (después de haber completado las etapas anteriores), así que ese es tu desencadenante.

Si no utilizas este ritmo hipnótico en las ventas, haz un movimiento con la mano u otro gesto que te haga sentir cómodo. Dado que es fundamental que este desencadenante visual sea suave, si pretende hacer algo con lo que no se siente cómodo, el resultado previsto será poco probable.

Tú y yo, patrón hipnótico

Sin duda, este patrón hipnótico es uno de los mejores para captar rápidamente la atención de otra persona, y tiene una influencia significativa en los demás. Permite crear sensaciones, lo que abre la mente inconsciente, y lo mejor es que una vez que se entienden los fundamentos, es extremadamente sencillo de poner en práctica.

Este patrón de hipnosis consiste en crear primero un estado emocional que sirva de gancho para atraer la atención, y luego dirigir el centro de interés de la persona hacia donde se requiera para cumplir nuestros objetivos.

Para ello, empezaremos hablando de nosotros mismos, y luego pasaremos a la persona de tal forma que los demás no noten el cambio. Para hablar directamente de alguien, no es necesario utilizar la palabra "tú", que es lo que hace que este ritmo hipnótico sea único. Tenga en cuenta el siguiente anuncio.

Estaba pensando en volver a mi ciudad de vacaciones, es donde me **siento** *más a gusto. Sólo entrar en la ciudad y ya te* **sientes** *(tú) con más energía. Es como cuando te acuerdas de tus viejos amigos, o cuando vuelves a pasar por las calles que conoces tan bien y te* **hace sentir tan bien** *que no puedes dejar de sonreír".*

¿Ve la diferencia? Empezamos hablando de nosotros mismos, pero enseguida pasamos a hablar de "ti". La otra persona no sólo se sentirá atraída por ti, sino que también le interesará de verdad lo que tengas que decir. Y así se crea el ambiente ideal para que ese individuo considere nuestros comentarios y los acepte como apropiados; sin duda, este patrón ayuda a influir sutilmente en los demás.

Patrón hipnótico de comparación forzada

Cuando hacemos una comparación, estamos comparando dos o más cosas. No podemos comparar nada hasta que lo relacionamos con otra cosa o lo distinguimos de ella.

Con esto en mente, debe ser consciente de que este patrón hipnótico permitirá a una persona pensar en dos elementos y así provocar un estado o despertar sentimientos específicos en sí mismo.

Sin embargo, no basta con hacer una pregunta directa para poner en marcha este patrón hipnótico. Por ejemplo, deben evitarse preguntas como "¿Cuál es la diferencia entre atracción y deseo?".

Porque, formulado así, no resulta especialmente atractivo; tenemos dos frases que se utilizan con frecuencia en el mismo contexto, pero no nos dice nada.

En cambio, si opta por complementar o explicar un poco más esas partes, despertará la curiosidad de su oyente, lo que redundará en un mejor resultado.

Puede enfocarlo de la siguiente manera, teniendo en cuenta tanto la pregunta como los avances que se han producido desde que se planteó:

¿Ha pensado alguna vez en la diferencia entre **atracción** y **deseo**?

La **atracción** es cuando...

Pero el **deseo** es algo diferente, porque es más como....

Es importante que practiques este patrón de hipnosis y lo apliques cuando te sientas realmente en sintonía con su enfoque.

Patrón hipnótico: ¿Cómo hacer que cualquier cosa signifique lo que tú quieras que signifique?

Es increíblemente vívido y sencillo de aprender porque está relacionado con el patrón "porque". Esencialmente, hay que establecer una consecuencia automática de hechos que no tienen por qué serlo, pero que dan la sensación de serlo puesto que empiezan con una afirmación verdadera.

Como resultado, se establece una conexión de causa y efecto que da lugar a la siguiente afirmación: si la primera afirmación es cierta, las siguientes también deberían serlo.

Esta reacción mental es casi automática, por lo que el sentido de la lógica no tiene muchas oportunidades de cuestionarla. Como resultado, el patrón ofrece importancia a cualquier asunto significativo para usted y le permite influir en los demás.

Supongamos que eres un vendedor novato en una tienda de tecnología. Y durante tu turno, un cliente pregunta por un ordenador portátil (este hecho es real). Podrías dirigirte a él siguiendo este patrón hipnótico "Como ha venido a esta tienda a comprar un ordenador portátil (lo cual es correcto), necesitará un ordenador rápido para realizar todas sus tareas. En consecuencia, le recomiendo que eche un vistazo a estos modelos".

Mientras el individuo está en la tienda buscando comprar un portátil, es poco probable que necesite un ordenador de gama alta, pero utilizando esta técnica de hipnosis, conseguirás que lo considere.

Patrón hipnótico: Duda

Influir en los demás no siempre es fácil; algunas personas pueden resistirse o parecer inflexibles.

Este libro se ha escrito para ayudarle a enfrentarse a una variedad de circunstancias que puede encontrar cuando utilice la hipnosis conversacional.

Es esencial comprender este patrón hipnótico si se quiere influir en conclusiones aparentemente firmes. Consiste básicamente en hacer una pregunta con el objetivo de que la otra persona dude de tu juicio.

¿Está seguro de estarlo o sólo cree estarlo?

Una pregunta de este tipo puede ayudarnos a sembrar la duda, pero debemos ajustarla al contexto del discurso de la otra persona.

Tras formular la pregunta, debes provocar el escepticismo, lo que puedes conseguir recurriendo a experiencias genéricas o comunes.

Esto hará que la persona dude de sí misma, lo que puede ayudarte a conseguir nuevos clientes o a persuadir a la gente para que cambie de opinión con el fin de lograr tu objetivo; también funciona bien en un entorno más íntimo.

Double Bind es un patrón hipnótico.

Cuando planteas una pregunta o discutes algo con una sola opción accesible, es posible que no obtengas los mejores resultados. ¿Por qué? Porque al ceder a nuestra mente consciente, sólo tenemos una opción, que evaluaremos automáticamente.

Sin embargo, ¿qué ocurre si presentamos dos opciones? También podemos evaluarlas y elegir cuál es la mejor en nuestra situación.

Este patrón hipnótico tiene la ventaja de producir una frase al ofrecer dos posibilidades con respuestas que son exactamente lo que buscamos. Como resultado, mejora la probabilidad de que alcancemos nuestros objetivos.

Suponga que es usted propietario de un prestigioso restaurante y que su principal objetivo es aumentar las ventas. ¿Quiere una copa de vino, por favor? le pregunta su camarero. Sus clientes tienen la opción de aceptar o rechazar la oferta, pero negarse no le ayuda a conseguir sus objetivos.

En cambio, si preguntas: "¿Quiere una copa de vino blanco o una copa de vino tinto?". No le estás dando al cliente la opción de no beberse el vino, así que instintivamente elegirá una de las dos posibilidades, y la que elija te convendrá a ti, ¿lo entiendes ahora?

Patrones hipnóticos utilizados por los militares

¿Ha pensado en aplicar la hipnosis conversacional a los militares? Sin duda, los guerreros deben mantener su fe y ser persuadidos para enfrentarse a obstáculos difíciles, por lo que es natural utilizar algunos fundamentos de la hipnosis, ¿no cree?

Con este patrón de hipnosis conversacional, que consiste en utilizar términos que Estados Unidos solía emplear para el reclutamiento, podemos profundizar.

Para utilizarlo con eficacia, primero hay que comprender las creencias y los ideales de la persona a la que se quiere persuadir. En este método, se establece un vínculo entre determinadas variables y acciones específicas.

Considera que necesitas que alguien cercano, como un amigo o un familiar, te ayude a afrontar una dificultad que te hace sentir inseguro. Puedes utilizar este patrón de hipnosis sin problemas; te mostraré un ejemplo.

¿Te has dado cuenta de que ser **valiente**, ser **decidido** y ser más **leal** a uno mismo está naturalmente ligado a decidirse por la **opción compleja** en lugar de por la más sencilla?

Usted ha mencionado algunas ideas o principios que cree que caracterizan a ese individuo y, a continuación, ha demostrado la acción que debe realizar; este vínculo despierta la atención, lo que facilita persuadir a alguien para que realice una determinada acción.

La decisión cero es un patrón hipnótico.

Es un patrón hipnótico que adopta un enfoque similar al patrón Double Bind. ¿Cuáles son sus responsabilidades? Forma una frase con dos soluciones viables, ambas conducentes al mismo resultado (ser favorable para ti).

Cuando no podemos dejar dos posibilidades tan alejadas, es perfecto para influir en los demás. Podemos hablar del mismo tema con ligeras variaciones y seguir captando la atención de la gente. Consideremos el siguiente escenario.

> Con este masaje puede **simplemente relajarse** o sentirse tan **relajado** mientras recibe el tratamiento que su cuerpo **se relajará** prácticamente sin que se dé cuenta.

Aunque tiene numerosas ventajas, es fundamental contar con un diseño para este patrón hipnótico que siga los fundamentos pero que esté articulado en un lenguaje fácil de entender; de lo contrario, se corre el riesgo de activar la mente consciente y limitar los efectos de la hipnosis conversacional.

Influencia Diferencia Patrón Hipnótico

Este es otro patrón de hipnosis eficaz y fácil de aprender y utilizar. Consiste en exponer dos puntos de vista eliminando la influencia de uno de ellos, haciendo que la segunda perspectiva parezca la mejor opción.

> ¿Cuál es la diferencia entre los que **sueñan** y los que **planean**?
>
> Las personas que **sueñan** pueden ser un poco más conformistas y débiles ante situaciones complicadas.
>
> Las personas que **planifican** trabajan duro para conseguir buenos resultados sin dejarse vencer por las adversidades del camino, no paran hasta conseguir lo que se han propuesto.

Esto le permite persuadir a alguien para que tome una determinada decisión sin que se sienta obligado a hacerlo. Él o ella creerá que ha llegado a esa opinión de forma independiente y sin ninguna otra influencia. Te pondré un ejemplo para que veas con más claridad de qué estoy hablando.

Patrón Hipnótico: Experto Instantáneo

Algunas figuras han pasado a la historia por su extraordinaria capacidad para influir en los demás; estos individuos crearon un legado que ha sobrevivido a la muerte y ha alcanzado la inmortalidad. ¿Por qué hay que tener esto en cuenta?

Porque este patrón de la hipnosis es que puedes implantar lo que quieras en los demás, ya sea guiar o conseguir que alguien se interese por un tema, impartir conocimientos relacionados con un experto.

- Una de las cosas más importantes que aprendí de "Nombra al experto" es ...... - Si tuviera que destacar una cosa que aprendí de "Nombra al experto", sería .....

Al estar relacionado con una persona conocida, lo que digas será más relevante y será más fácil captar la atención de la gente de inmediato.

Contar historias es un ritmo hipnótico.

¿Sabías que contar historias se está convirtiendo en una estrategia de marketing muy popular? Y, sin duda, el principal objetivo del marketing es animar a la gente a realizar determinadas actividades.

Este patrón de hipnosis pretende inducir un cambio automático en las personas de forma no intrusiva, lo que lo hace adecuado para su uso con jóvenes. Debes tener en cuenta que para utilizarlo, primero debes dominar otros patrones hipnóticos que ya hemos descrito.

Los pasos para realizar esta secuencia hipnótica son los siguientes:

- Asigna un protagonista: tendrás que hacer un análogo de la persona a la que intentas persuadir para que se convierta en protagonista, y tendrás que ponerla en una situación precaria en el escenario imaginado.

- Agravar el problema: el protagonista debe verse obligado a encontrar una solución o responder a los acontecimientos a medida que se agrava la crisis.

- Descubrir una habilidad: la historia debe revelar una habilidad oculta o un recurso interior del protagonista que éste haya descubierto en medio de una circunstancia difícil; debe ser algo realmente genuino, no algo que parezca fantasioso.

- La transformación tiene lugar: el protagonista debe salir del apuro utilizando su nueva habilidad y sufriendo una transformación significativa. Como resultado, la transformación será permanente y habrá podido superar un obstáculo descubriendo su verdadero potencial.

Patrón hipnótico de instalación de la voz interior

Cuando hacemos juicios de valor contra nosotros mismos, tenemos mucho poder sobre nosotros mismos; podemos ser nuestro mayor apoyo o nuestro mayor tormento. Sea cual sea la situación, tenemos mucho poder personal, y todo está controlado por nuestra voz interior.

Así, aunque seamos nosotros quienes pronunciemos las palabras, este ritmo hipnótico activará la voz interior de nuestros oyentes, dándoles la impresión de que están en un escenario personal.

Es esencial enlazar el contenido utilizando algunos elementos comunes para que el oyente se sienta realmente asociado. Además, debe haber una secuencia que permita a la mente inconsciente visualizar todo el acontecimiento.

Por último, debe organizarse de forma que suscite emociones. De este modo, podrá captar la atención de sus oyentes, asegurándose de que reflexionen sobre lo que está diciendo y lo interioricen realmente.

Este patrón de hipnosis puede realizarse componiendo un guión en el que la persona despierte su voz interior; sin embargo, si deseas utilizar la hipnosis conversacional en determinadas situaciones, es esencial que la practiques teniendo en cuenta este elemento y sus posibles objetivos. Cuando la lleves a cabo de manera formal, alcanzarás un mayor dominio.

Operadores modales de patrones de habla hipnótica

Es fundamental comprender y utilizar los operadores modales cuando se practica la hipnosis conversacional. Sin embargo, no sólo son eficaces para persuadir a los demás, sino que también son útiles para elevar tu ímpetu o reforzar tu interés con el fin de ayudarte a completar ciertas tareas importantes.

¿Alguna vez te has cansado de ir a trabajar o te ha faltado motivación? Es posible, pero no es buena idea desatender tus responsabilidades.

Los operadores modales le permiten expresarse con precisión sobre diversas actividades. Como resultado, tu impresión de lo que tienes que hacer cambia. Te aconsejo que consideres cualquier cosa que te guste hacer, como leer, hacer footing, cantar o simplemente dar un paseo.

Puedes utilizar frases como "puedo", "soy", "necesito" y "quiero" para describir estas tareas. Piensa en las tareas que van surgiendo y que, aunque deberías hacerlas, no quieres hacer.

Puedes utilizar términos como "podría", "debería", "lo intentaré" y "más adelante" para aludir a estas promesas. Utilizamos estas expresiones para indicar que no queremos hacer nada, lo que puede llevarnos a procrastinar.

¿Es realmente necesario ser consciente de ello? Sí. Porque los operadores modales de necesidad o posibilidad pueden utilizarse para crear el efecto deseado en los demás. Las palabras que oímos o nos decimos a nosotros mismos son extremadamente poderosas porque pueden proporcionarnos la inspiración o el impulso para realizar cambios positivos; esto también se aplica a lo que inculcamos a los demás.

- Deberías sentirte mejor con todo en poco tiempo, como ejemplo de operador modal necesitado.

- Tengo que empezar a ser más agresivo con mis decisiones.

- Tu voz interior debería poder guiarte siempre en la dirección correcta.

- Debes tener la fuerte sensación de que las cosas están a punto de cambiar.

Por otro lado, la terminología utilizada dentro del operador de posibilidad modal es la siguiente:

- El mes de mayo

- Es posible.

- Es fiable.

- No es factible.

- No es posible.

- Es posible.

- No es posible.

Si utilizas cualquiera de estos términos en una frase o afirmación, estás creando un efecto potencial. Por ejemplo, puedes decir: "Tu voz interior sabe que puedes cambiar".

Si eres un líder, estos operadores varoniles te serán muy útiles. Pueden ayudar a los demás a estar más motivados estableciendo una fuerte conexión emocional.

Preguntas que le ayudarán a modificar su mente

Las personas expresan muchas creencias sin pensar si son ciertas o no. Algunas creencias pueden ser bastante restrictivas y llevar a las personas a creer que son incapaces de realizar determinadas tareas.

¿Ha oído alguna vez a alguien afirmar que no tiene talento en un área concreta? La gente suele expresarse así sin tener una base racional para hacerlo.

Aunque el punto de vista de una persona suele estar firmemente arraigado en sus ideas y creencias, existe un método para desmontar esas creencias. Por ejemplo, puedes hacerte preguntas que te ayuden a lograr este objetivo.

Te mostraré una serie de preguntas que te ayudarán a cambiar tus puntos de vista y que puedes utilizar para ayudar a los demás a pensar de forma más positiva y productiva.

.

FUNDAMENTOS	PREGUNTAS
Ataca el origen de la creencia: te ayudará a hacer reflexionar a la otra persona sobre las razones que le han llevado a tener esa creencia.	Soy muy torpe. **¿Dónde has oído eso?**
Metamarco: consiste en utilizar la palabra "Posible" para plantear dudas sobre una mala creencia.	Necesito esperar **¿Cómo puedes creerte eso?**
Criterio en contra: utilizarás en su contra la razón que la persona esgrime en su creencia limitante.	Soy demasiado joven para aprender ¿Cómo afecta ser demasiado joven a tu incapacidad para aprender?

Otros patrones hipnóticos que debe conocer

- Cómo sería si: es un patrón hipnótico que te permite generar preguntas para provocar una emoción favorable transfiriéndola a una situación presente. Si estás anunciando un servicio para ayudarte a perder peso, puedes preguntar algo como esto ¿Cómo sería si pudieras perder peso en unas semanas?

- Atención: Cuando utilizamos palabras como "notar", tenemos más probabilidades de atraer la atención de nuestros oyentes. Utilizando el servicio de pérdida de peso como ejemplo, podrías decir algo como: "Cuando notes que has perdido algo de peso, notarás que tu salud mejora".

- Más y más: se refiere a resaltar los beneficios o contribuciones de algo haciendo hincapié en que completar una tarea daría lugar a ciertas recompensas. "Cuanto más quieras cambiar, más cambios conseguirás", por ejemplo.

- Escuchar: Como la palabra "escucha" tiene una sugestión hipnótica tan poderosa, captará al instante la atención de tu oyente. Debes afirmarlo y luego seguir con información útil para guiar toda esa atención hacia tus objetivos.

- Imaginar: utilizar la palabra "imaginar" seguida de una afirmación contundente influye notablemente en la propuesta. Imaginamos automáticamente lo que deberíamos conseguir, lo que crea un fuerte vínculo en cualquier debate.

- Recordatorio: te ayudará a persuadir a la otra persona para que recuerde ciertos acontecimientos relacionados con el tema de la conversación; cuando se hace bien, puede dar buenos resultados.

Preguntas con etiquetas de patrones lingüísticos hipnóticos

Son buenas preguntas para hacer al final de una declaración. Un comentario de este tipo suele incitar al oyente a volver a comprobar su comprensión del tema. En esencia, son preguntas cortas y directas que aparecen al final de una frase.

Como resultado, la persona aceptará automáticamente lo que decimos cuando responda. Por lo tanto, puede aplicarse en ventas o en cualquier otro sector, incluso a nivel personal.

Algunos ejemplos de preguntas de etiqueta son los siguientes:

- ¿Ha adquirido muchos conocimientos en el curso?

- ¿Podemos seguir adelante y concluir el proceso de contratación?

- ¿No podríamos parar a comer ahora mismo?

- Sabes de lo que hablo, ¿verdad?

- De momento, el producto parece prometedor, ¿no cree?

Estas preguntas con etiqueta son extremadamente eficaces porque, aunque parecen una pregunta, en realidad son una afirmación con una etiqueta final para determinar lo que se está vendiendo.

Por lo tanto, utilizar estas preguntas para mantener la atención del oyente de principio a fin es beneficioso para animarle a tomar las medidas adecuadas para lograr nuestros objetivos.

Frases de activación de orden oculto

A veces tenemos que transmitir información tan crítica que debemos tratarla con extrema cautela. Esto es importante en las ventas, porque si la mente consciente se hace cargo de la situación, se activarán todas las banderas rojas, lo que dará lugar a preguntas e inquietudes sobre la información recibida.

Afortunadamente, hay algunas palabras que pueden utilizarse para activar las instrucciones secretas. Sin duda, te preguntarás: "¿Qué sentido tiene esto?". Es estupendo crear un ambiente más cómodo y preguntar o dar información útil de una forma más delicada.

Para conseguirlo, primero debemos centrar nuestra atención en un hecho, tras lo cual debemos incluir la información principal. De este modo, la gente no podrá resistirse. He aquí algunos ejemplos de lo que estoy diciendo.

-Me pregunto si te gustaría tener más tiempo libre", me comentó una vez un colega.

- Puede que le sorprenda.

- Permítase la oportunidad de hacerlo.

-Una de las cosas que puedes mirar antes de llegar a la conclusión de que....

¿Cómo se puede romper una mala mentalidad?

Hasta ahora, he hablado de muchos patrones hipnóticos y de sus ventajas. Sin embargo, ¿existe un método para romper el estado emocional de una persona? Sí, y es esencial que lo conozcas.

¿Cree que una persona deprimida, enfadada o distraída será capaz de prestarle atención? Posiblemente no, así que éste es un obstáculo que debes superar. Para ello, existen algunas técnicas que te enseñaré a continuación sobre cómo alterar el estado de ánimo.

- Humor: el humor es una forma estupenda de levantar el ánimo cuando se está de mal humor. Recuerda que la forma en que hacemos sentir a la gente nos afecta; soltar un chiste suele ser una forma estupenda de crear un ambiente más cómodo y superar el bloqueo de una persona; debes utilizarlo desde el principio cuando percibas el malestar emocional de tu oyente.

- Confusión: las afirmaciones ilógicas suelen ser divertidas, lo que induce un estado de relajación beneficioso en la hipnosis conversacional. Puedes decir algo incomprensible o hacer movimientos graciosos. Sin embargo, la eficacia de esto puede variar en función de la situación; por ejemplo, si estás en un entorno profesional, debes mantenerlo sutil.

Si descubres que alguien se encuentra en un mal estado emocional mientras charlas con él, lo primero que debes hacer es ayudarle a salir de él.

De lo contrario, la hipnosis conversacional fracasará porque no alcanzarás el grado de comodidad necesario para activar la mente inconsciente del sujeto.

Patrones hipnóticos del habla: ejemplos y ejercicios

Puedes encontrar infinidad de guiones de patrones de hipnosis en Internet. Sin embargo, saber cómo producir sugestiones con éxito es fundamental, porque si no entiendes lo que deben contener, te costará dominar la hipnosis conversacional de principio a fin.

Sobre todo, la idea debe ajustarse a los criterios que se utilizarán para determinar el éxito. También debe ser indirecta; de lo contrario, no se logrará el impacto deseado. No puede limitarse a aconsejar a un fumador que deje de fumar; esto no tendrá suficiente efecto.

En su lugar, puede expresarlo como una sugerencia, por ejemplo: "Te sorprenderá lo rápido que te olvidas de fumar". Se trata de una idea reflexiva expresada de forma indirecta.

Las sugerencias que se hacen sin fundamento son igualmente desfavorables. No se puede convencer a alguien que tiene poca confianza en sí mismo de que aumentará su seguridad de la noche a la mañana, ya que seguirá teniendo sus creencias limitantes. En cambio, puedes informarle de que podrá adquirir más confianza en una circunstancia determinada, y siempre debes decírselo sutilmente.

Ahora que ya conoces los numerosos patrones del lenguaje hipnótico, puedes empezar a hacer frases con ellos. Te resultará mucho más fácil ponerlos en práctica si entiendes sus principios.

Te propongo que hagas un segundo experimento en el que evalúes las palabras de políticos cautivadores o presentadores de televisión destacados e intentes averiguar qué ritmo hipnótico utilizan; los resultados pueden sorprenderte.

¿Cuál es la mejor manera de utilizar los enunciados de ritmo?

Imagine poder persuadir a alguien para que esté de acuerdo con usted con sólo decir unas palabras. Las afirmaciones de ritmo son clave en la hipnosis conversacional porque logran este objetivo.

Estos comentarios permiten a la persona pasar de una forma de pensar a estar de acuerdo con la sugerencia del hipnotizador sobre una noción o idea.

Por consiguiente, es un recurso inestimable que le ayudará a persuadir a los demás para que cambien de opinión de forma adecuada, al tiempo que consigue sus objetivos.

Por otro lado, ¿cómo funcionan las frases de ritmo? Se trata de comentarios de cebado que centran la atención del oyente en un objetivo concreto para ayudar a cebar su mente inconsciente.

¿No es cierto que, cuando utilizamos la hipnosis conversacional, tenemos que hacer algunas sugerencias? Por otro lado, estos comentarios de ritmo nos ayudan a preparar a las personas para que escuchen y digieran nuestras propuestas con facilidad, ayudándonos a conseguir mayores resultados.

Esencialmente, este recurso ayuda a las personas a ser más sugestionables, además de permitirnos formar vínculos más fuertes, por lo que es beneficioso en varios sentidos. Para activar las afirmaciones rítmicas, puedes crear un diálogo en el que registres un escenario presente. Por ejemplo, aunque estés repitiendo lo obvio, hablar a alguien que te está escuchando sobre un servicio y sus beneficios es una buena forma de captar su atención. Después de utilizar este recurso, debes añadir una afirmación principal en la que presentarás la información importante del discurso.

El uso de un lenguaje seductor

¿Es consciente de lo poderosas que pueden ser las palabras? Podemos conseguir resultados realmente espectaculares cuando manejamos con audacia lo que necesitamos expresar.

Este libro está diseñado para ayudarle a alcanzar ese nivel de experiencia, por lo que le insto a que preste atención a las frases atractivas que le ayudarán a crear fuertes vínculos con la gente.

¿Qué tienen las frases intrigantes que las hacen tan atractivas? Suelen provocar una buena reacción, por lo que mantienen la atención del público durante mucho tiempo. Son palabras que tienen un fuerte impacto cuando se pronuncian, lo que facilita la persuasión de los demás.

Esto es especialmente cierto cuando se trata de métodos de venta. Un producto o servicio puede tener una serie de ventajas, pero si no consigue transmitir un mensaje eficaz al consumidor, simplemente será ignorado.

Para captar la atención del cliente y conectar con él, hay que utilizar frases que provoquen una respuesta emocional.

Increíble, inteligente, fantástico, encantador, inventivo y necesario son sólo algunas de estas palabras. Son frases increíblemente potentes que, combinadas con las características o la propuesta de valor de un producto o servicio, ofrecen una alternativa muy convincente.

Supongamos que ofrece un servicio fantástico con una serie de ventajas inmediatas y a largo plazo. ¿Cómo puede expresarlo con éxito? Utilizando un lenguaje convincente, puede demostrar que este servicio es algo más que otra alternativa; es una opción INCREÍBLE que mejorará enormemente la vida del cliente.

Preguntas para la reflexión

Las preguntas capciosas son una técnica excelente para convencer a los demás de forma sutil y fácil de aplicar y asimilar.

Básicamente, son un tipo de pregunta diseñada para que la gente tome una decisión concreta o responda de una manera específica.

En consecuencia, las preguntas clave van seguidas de una recomendación, y la propuesta prevalece sobre la propia pregunta.

Esta forma de material de hipnosis conversacional da la impresión de que el oyente está tomando sus propias decisiones, pero en realidad estamos dando un empujón verbal, alentando nuestra sugerencia sin hacerla manifiesta, y tiene un éxito increíble.

Imagina que quieres que tu sobrino te ayude a talar un árbol del jardín, pero puede que se niegue porque tiene otras cosas que hacer;

¿cómo puedes persuadirle? Si se lo pides directamente, es casi seguro que no obtendrás la respuesta que quieres.

En cambio, si utilizas una pregunta capciosa, tus posibilidades de alcanzar tus objetivos mejoran drásticamente. "No tienes planes para este fin de semana, ¿verdad?" es un buen punto de partida.

Estás dando a entender que no tienes nada planeado para el fin de semana y luego haces la pregunta al final. Así que puedes decir algo como: "Ya que no tienes nada planeado para el fin de semana, ¿podrías ayudarme a cortar el árbol del jardín?". Él encontrará el sentido de tu pregunta desde un punto de vista psicológico, así que es muy probable que acepte ayudarte, sobre todo porque ha demostrado que es capaz de hacerlo.

¿Cuál es la mejor manera de utilizar los supuestos?

Los presupuestos son uno de los componentes más importantes de la hipnosis conversacional. Permiten comunicar sutilmente algo para conseguir un efecto.

Lo que se dice dentro de una presuposición no es exactamente una verdad tangible, pero ayuda a su realización al influir en los demás haciendo lo más comprensible posible lo que oyen.

Supongamos que escucha a un vendedor que le presenta un electrodoméstico, como una sartén antiadherente multiusos de gran resistencia. Suponga que el vendedor se refiere a la sartén como su sartén en algún momento de la presentación promocional.

"Tu nueva sartén antiadherente viene con un kit de limpieza, y tu nueva sartén tiene 5 años de garantía", explica. Está asumiendo que vas a comprar el producto e implantando inconscientemente ese pensamiento en tu cabeza. Así puede utilizarlo para cumplir sus objetivos de venta o incluso por motivos personales.

Te propongo que pongas en práctica el patrón hipnótico de presuposiciones que he ideado creando un diálogo de práctica. Esto te ayudará a adquirir mayor fluidez cuando lo utilices en una situación de la vida real.

Agradecimientos

Muchas gracias por llegar hasta el final de este libro.

Si te ha gustado el contenido y consideras que has aprendido algo interesante que puede mejorar tu vida, te agradecería mucho que me dejaras una valoración al respecto.

Significaría mucho para mí y me ayudaría a seguir aportando contenidos valiosos a la comunidad =)

¡Muchas gracias!

Allan Trevor

Visita mi página de autor para encontrar más libros similares en mi colección. Haga clic aquí:

http://bit.ly/AllanTrevorColección

O utilice el siguiente código QR:

Made in the USA
Las Vegas, NV
08 June 2024

90887182R00095